中小

熊友军　王吉庆　黄劲松　主编

AI 在变形工坊

第二版

华东师范大学出版社
·上海·

图书在版编目(CIP)数据

AI 在变形工坊/熊友军,王吉庆,黄劲松主编 . —2
版. —上海:华东师范大学出版社,2020
(AI 上未来智造者:中小学人工智能精品课)
ISBN 978 - 7 - 5760 - 1019 - 0

Ⅰ.①A… Ⅱ.①熊…②王…③黄… Ⅲ.①人工智
能-小学-教学参考资料 Ⅳ.①G624.583

中国版本图书馆 CIP 数据核字(2020)第 224786 号

AI 上未来智造者——中小学人工智能精品课程系列丛书

AI 在变形工坊(第二版)

主　　编　熊友军　王吉庆　黄劲松
责任编辑　孙　婷
项目编辑　王嘉明
责任校对　南艳丹　时东明
装帧设计　卢晓红

出版发行　华东师范大学出版社
社　　址　上海市中山北路 3663 号　邮编 200062
网　　址　www. ecnupress. com. cn
电　　话　021 - 60821666　行政传真 021 - 62572105
客服电话　021 - 62865537　门市(邮购)电话 021 - 62869887
地　　址　上海市中山北路 3663 号华东师范大学校内先锋路口
网　　店　http://hdsdcbs.tmall.com

印 刷 者　上海四维数字图文有限公司
开　　本　787×1092　16 开
印　　张　11
字　　数　145 千字
版　　次　2021 年 8 月第 2 版
印　　次　2021 年 8 月第 1 次
书　　号　ISBN 978 - 7 - 5760 - 1019 - 0
定　　价　70.00 元

出 版 人　王　焰

编委会

目录

序

　　21 世纪已经进入了第二个十年的尾声,人工智能在经历了一段时间的沉寂后再次掀起了席卷全球的风潮,正在成为经济社会发展的下一个引擎,人工智能技术的发展水平也成为衡量一国科技综合实力的重要指标。一时间世界各国均高度重视推进人工智能的研发和教育:2015 年以来,美国已发布《国家人工智能发展与研究战略计划》《为人工智能的未来做好准备》和《人工智能、自动化和经济报告》等三份重量级报告;2017 年,日本制定了《人工智能的研究开发目标和产业化路线图》;2018 年,欧盟委员会向欧洲议会、欧盟理事会、欧洲理事会、欧洲经济与社会委员会及地区委员会提交了题为《欧盟人工智能》的报告,描述了欧盟在国际人工智能竞争中的地位,并制定了欧盟人工智能行动计划。我国也高度重视发展人工智能,2016 年 G20 工商峰会上,习近平主席就曾指出"人工智能……将给人们的生产方式和生活方式带来革命性变化";2017 年国务院出台了《新一代人工智能发展规划》,擘画了下一阶段我国人工智能技术和产业的发展路线图,发展人工智能已成为新时代中国的重要战略。

　　发展人工智能需要人才,培养人工智能领域的人才需要从娃娃抓起、从中小学生抓起、从教育抓起。具体可以从四方面来看:第一,人工智能的创新发展,需要教育系统不断输送不同学科背景的研发人才和技术人才,涉及人工智能一级学科以及数理统计、脑与认知等相关学科。第二,高等院校和科研院所是全社会开展科技研发和创新的主要引擎,可以为人工智能学科的创新发展提供新理念、新理论、新技术和新模式。第三,人工智能是教育发展的强大推动力量,为"教与学"和教育管理提供智能化、适应性和个性化的资源、工具与技术,推动智能信息技术与教育的创新融合,构建面向智能化时代发展的教育新生态。第四,随着人工智能开始在各个领域应用,实际上也对人的自身发展产生了深刻影响,进而对教育供给提出了新要求,为教育的改革和发展提供了新方向和新路径。

　　正如人工智能是复杂的,人工智能领域的人才培养也是千头万绪:"人工智能"

既是"领域"，又是"目标"，实现这一目标，可以有多种途径；而在这个领域，神经科学、认知科学、信息科学、语言学、工程技术乃至哲学、文学、艺术等均有其一席之地，"人工智能"实实在在是个"交叉学科"。但从发展现状来看，信息科学在今天人工智能的发展和应用中起着"基石"的作用，因此从信息技术学科切入中小学生人工智能领域的学习，从而进入其他枝蔓，无疑是一条可行之路。

实际上，早在 2003 年，"人工智能初步"就已作为选修课被列入我国《普通高中信息技术课程标准（实验稿）》，当时教育部审核通过的五套高中信息技术教材都包含了《人工智能初步》选修分册；但由于当时人工智能尚未大行其道，加之课程定位与知识内容上的问题，该课的开课率一直不高。时过境迁，近年来，人工智能早已成为一个绕不开的话题，因此在 2018 年下发的《普通高中信息技术课程标准（2017年版）》大幅修订了人工智能部分的教学内容，并将该部分列入了"新课标"的选择性必修模块。同时，社会各界也开始热烈探讨在义务教育阶段和高等教育阶段开设人工智能课程的方法和途径。而各省教育管理部门也在对"新课标"的内容进行研究，以期逐步建立与之相适应的课程教材教学评价体系、师资培养培训体系和人工智能创新实验室等建设方案，保障人工智能教育的顺利开展和科学发展。

我想，不论在哪个学段开设人工智能课程，我们都应该以立德树人为目标，以核心素养培养为前提，以算法与编程实践为抓手，建立起科学、系统的课程体系。我们应该根据不同学段学生的特点去关注以下几点：一是要从人工智能基础知识的教学入手，了解前沿领域发展情况，进行人工智能启蒙教育；二是要让每个学生学会与智能工具打交道，体验日常生活中的人工智能产品；三是要分学段实施不同层次的编程教学，学习用编程解决实际问题，培养学生的计算思维、创新思维等信息时代的基本素养；四是课程要结合最新的科技发展成果，充分利用现有的大数据、云计算、机器人等资源，打造符合学生特点的课程体系，满足多元化教学需求。

需要指出的是，在目前中小学的整体课程格局中，信息技术课程所占份额毕竟有限，落实到人工智能部分，课时更是捉襟见肘；单纯依靠课标中的内容显然无法使对人工智能有兴趣的学生"吃饱、吃好"。可喜的是，众多社会力量加入到了"添砖加瓦"和"拾遗补缺"的行列中来。教育界要充分认识到人工智能作为教育改革的创新工具和教育教学的知识内容的双重属性，拓宽思路，大胆革新，整合政府、学校、家庭、企业、民间机构等，多方参与、广泛协同，构建新时代的人工智能教育。

新一轮的人工智能教育在我国才刚刚起步,需要发挥各方面力量来共同推进,应该通过政、校、企的合作,整合优质资源,将国家对于人工智能教育发展的目标落到实处。"众人拾柴火焰高",相信在全社会的共同努力下,人工智能教育的"种子"将在中国大地发芽壮大。

任友群

2018 年 8 月于丽娃河畔
(作者为华东师范大学教授,教育部人工智能科技创新专家组咨询专家)

同学们，变形工坊是个神奇的地方！在这里，通过巧妙构思，我们可以将各种零件以不同的方式进行组合与"变形"，从而创造出具有不同功能的"变形金刚"，让我们一起来看一看，"变形工坊"里都有哪些神奇的零件吧！

一、奇妙世界

在变形工坊里诞生的"变形金刚"，本领各有不同，有的能够以"机器人"和"机器车"两种形态执行任务，有的能够测试噪音，还有的能够进行手势互动（如图 1.1、图 1.2、图 1.3、图 1.4 所示）……它们用自己独特的"本领"来帮助人们解决生活中遇到的各种问题。

仔细观察，以上这些"变形金刚"是由哪些相同的零件组成的呢？

图 1.1　变形金刚-人形态

图 1.2　变形金刚-车形态　　　图 1.3　噪声污染检测器模型　　　图 1.4　手势互动模型

二、优学 U 乐

不同的"变形金刚"，它们的关键部位大多由相同的零件构成，例如控制器、舵机、连接件等。不同的零件有不同的作用，一起来认识它们吧！

（一）控制器

控制器，是整个"变形金刚"的核心部件。它类似人的"大脑"，可以控制机器人执行指令、完成任务。本书中，我们将会用到两种控制器——蓝色控制器和 uKit Explore 主板，如图 1.5 所示。其中蓝色控制器是通过蓝牙与平板连接，而 uKit Explore 主板则是通过连接线与电脑连接。

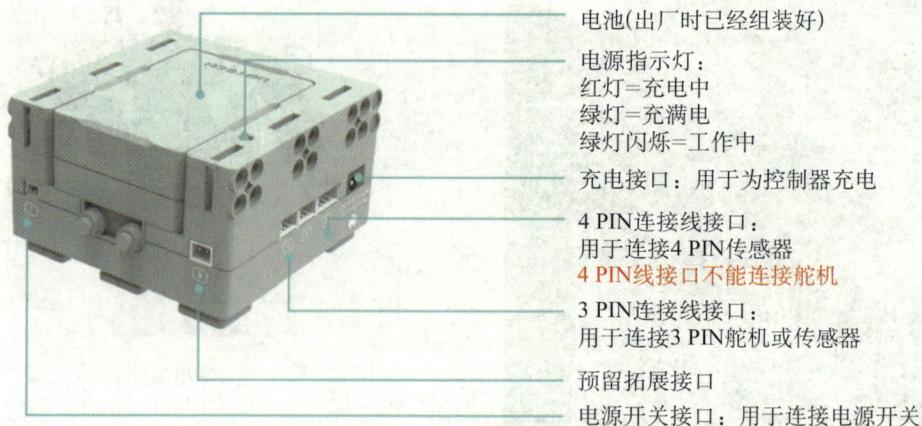

电池(出厂时已经组装好)

电源指示灯：
红灯=充电中
绿灯=充满电
绿灯闪烁=工作中

充电接口：用于为控制器充电

4 PIN连接线接口：
用于连接4 PIN传感器
4 PIN线接口不能连接舵机

3 PIN连接线接口：
用于连接3 PIN舵机或传感器

预留拓展接口

电源开关接口：用于连接电源开关

2

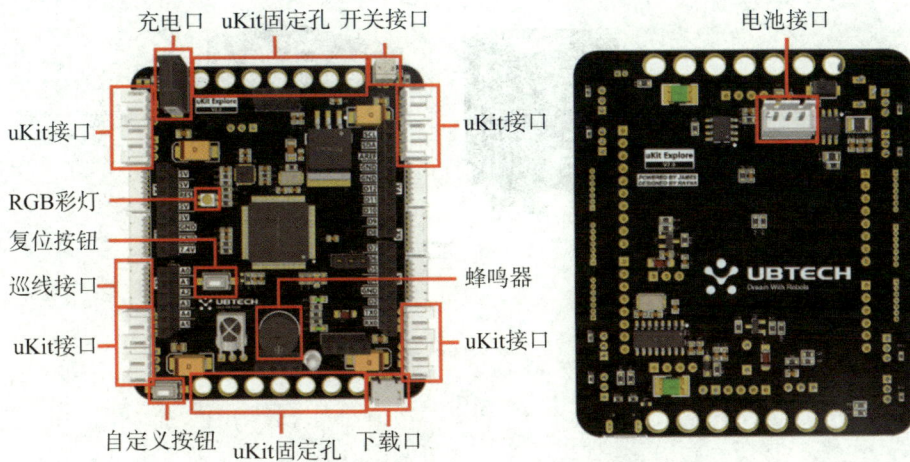

图 1.5 控制器和 uKit Explore 主板

以下是 uKit Explore 主板各个部件的功能：

1. 充电口：连接 5 V 充电器，可以为电池充电，也可以作为主板的供电口；

2. uKit 接口：连接套件中的传感器或者舵机、电机等执行器；

3. RGB 彩灯：可以自由调节颜色的 LED 灯；

4. 复位按钮：按下按钮，主板会重新启动；

5. 巡线/数字接口 F：连接巡线传感器；

6. 自定义按钮：无具体功能的按钮；

7. uKit 固定孔：连接零件，固定主板；

8. 下载口：通过数据线连接电脑，下载程序；

9. 蜂鸣器：可以发出不同的声音；

10. 开关接口：连接开关；

11. 电池接口：连接电池。

（二）舵机

舵机就像人类四肢的关节，通过接受控制器的指令，输出动作、执行动作。每个舵机正面都有编号，通过设置舵机的角度等参数，"变形金刚"就能做不同的动作啦！

3

舵盘

图 1.6　舵机

（三）连接件

连接件的作用是连接舵机和控制器，不同种类的连接件就像人类四肢的骨骼，组合不同种类的连接件就像为"变形金刚"搭建骨骼一样，用于支撑它的身体，并配合舵机完成运动，如图 1.7、图 1.8、图 1.9 所示。

图 1.7　连接块（黄）　　图 1.8　工形块（浅蓝）　　图 1.9　45°舵机夹（左）

（四）传感器

传感器就像人类的感觉器官，是获取信息的重要途径。将不同种类的传感器装在"变形金刚"身上，它就可以感知周围的环境、获取丰富的信息，如图 1.10、图 1.11、图 1.12 所示。

图 1.10　声音传感器　　图 1.11　红外传感器　　图 1.12　触碰传感器

（五）装饰件

装饰件可以通过插销连接在"变形金刚"的各个部件上，让部件更加美观、形象，如图1.13、图1.14、图1.15所示。

图1.13　左扇形面板（大）　　　图1.14　弧形面板（小）　　　图1.15　三角弧形面板（右）

（六）连接线

连接线分为2 Pin（开关连接线）和3 Pin（舵机连接线）两种类型。2 Pin用来连接开关和控制器；3 Pin用来连接舵机、传感器和控制器。使用的时候一定要仔细分辨，如图1.16和图1.17所示。

图1.16　3 Pin

图1.17　2 Pin

三、造物工厂

在变形工坊里创造第一个属于自己的"变形金刚"——"大嘴怪"，请按照材料清单准备各类零件，快快搭建起来吧！

（一）物料吧

材料清单

序号	材料名称		数量
1		控制器	1
2		舵机	1
3		工形块(浅蓝)	3
4		2×3双向直角梁	2
5		120 mm 3 Pin 线材	1
6		5×5带孔连接块	5
7		二倍连接块(黄)	5
8		二倍连接块(浅蓝)	2
9		45°舵机夹(L)	1
10		连接块(黄)	4

序号	材料名称		数量
11		4×6角梁(蓝)	4
12	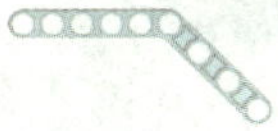	4×6角梁(浅蓝)	4
13	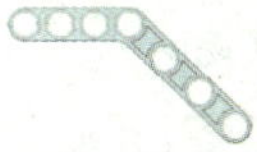	4×4角梁(浅蓝)	3
14		4×4角梁(蓝)	2
15		开关连接线	1
16		红色销	18
17		绿色短销	4
18	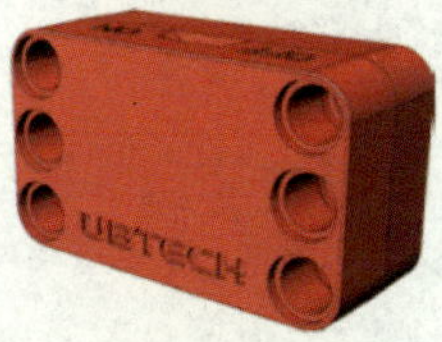	开关	1
19		黄色长销	11

（二）搭建吧

　　"大嘴怪"由两大部分组成,分别是头部和身体。头部由一个舵机和若干零件组成;身体由控制器、开关和若干零件组成,如图 1.18 所示。

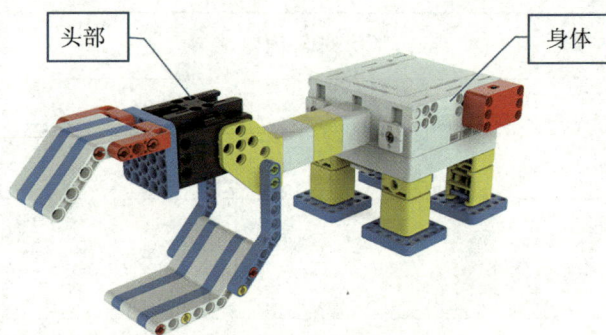

图 1.18 "大嘴怪"结构图

1. 搭建头部

图 1.19 "大嘴怪"头部结构

2. 搭建身体

图 1.20 "大嘴怪"身体结构

3. 整体组装

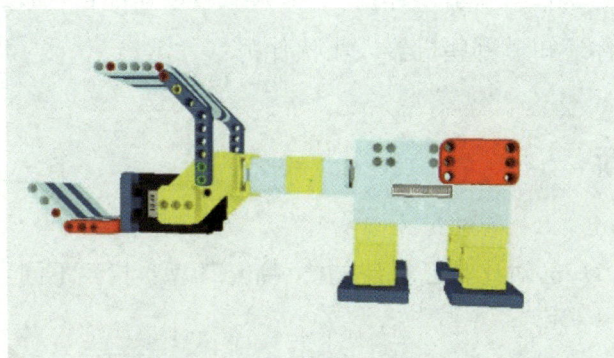

图 1.21 "大嘴怪"完成图

详细步骤可参考 uKit EDU 软件中：教程→uKit 入门级→大嘴怪。

四、不同"视"界

（一）知识拓展

Alpha EBot——小"E"

这个机器人的名字叫 Alpha EBot——小"E"，它是机器人家族里的一个小伙伴。我们能否在它身上找到我们刚才所学的几种零件呢？一起来仔细观察并了解它吧！

控制器在小"E"身体的中心部位，控制机器人做各种不同的动作。

舵机组成了小"E"的各个关节，让小"E"灵活地做出各种动作，如图 1.22 所示的小"E"在打太极拳，是不是很有意思呢？

图 1.22 Alpha EBot

小"E"的脑袋和身体上也存在着传感器,像触摸传感器、红外传感器等,所以如果你摸小"E"的脑袋,它就会给你各种不同的反应,例如停止、前进等。

除了小"E",你还知道哪些机器人小伙伴呢?

(二) 实践创新

1. 请观察图 1.23,对比自己搭建的"大嘴怪"模型,找找不同点吧!

图 1.23   示例图

2. 如果要升级自己的"大嘴怪",你有哪些设想? 说一说你的设计方案。

同学们，走在校园里是不是随处可以看到宣传栏？食堂前面的宣传栏里会张贴这周的菜谱，体育场旁边的宣传栏里会张贴健康运动的海报……你们仔细观察过它们吗？

一、奇妙世界

生活中有各种各样的宣传栏，景区里的宣传栏帮助我们了解当地的风土人情，小区里的宣传栏方便我们了解小区各类居住信息，学校里的宣传栏方便我们了解学校历史和校内社团活动……宣传栏的存在大大方便了我们获取各类信息，如图 2.1 和图 2.2 所示。

仔细观察图中的宣传栏，它们会亮灯吗？如果不能亮灯，那么晚上就看不到宣传栏里的内容了；如果一直亮着灯，会不会造成电能浪费呢？

图 2.1　道路宣传栏

图 2.2　小区宣传栏

二、优学 U 乐

（一）亮度传感器

亮度传感器可以根据外界环境光线的强弱,对照明设备进行控制,配合相应的控制模块,实现对灯光、窗帘、空调等的控制,如图 2.3 所示。

图 2.3　亮度传感器

图 2.4 是家居中的智能窗帘,在太阳升起、光线变强的时候,根据传感器采集到的光线亮度数值大小控制开关,"决定"是否拉开窗帘。

图 2.4　智能手机控制窗帘

　　亮度传感器还可以设定在指定时间内控制照明设备的亮度强弱变化，如图 2.5 所示，智能手机在"自动亮度"模式下手机屏幕亮度可以根据光线强弱同步变化。

图 2.5　手机"自动亮度"开关

（二）眼灯

　　通过逻辑编程，眼灯不仅可以照明，也可以作为交通灯、汽车灯，还可以作为"变形金刚"的眼睛，赋予它丰富的动态表情，如图 2.6 所示。

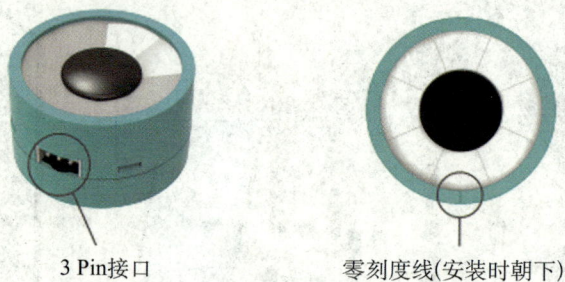

3 Pin接口　　　　　　　　零刻度线(安装时朝下)

图2.6　眼灯

（三）"如果……那么……"和"如果……那么……否则……"代码块

图2.7是"如果……那么……"代码块,它代表的含义是：判断给定的条件,如果结果为真,则执行"那么"下方的操作。

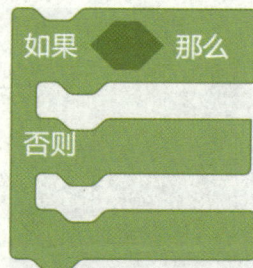

图2.8是"如果……那么……否则……"代码块,它代表的含义是：判断给定的条件,如果结果为真,则执行"那么"下方的操作；如果结果不为真,则执行"否则"下方的操作。

图2.7　"如果……那么……"代码块　　　图2.8　"如果……那么……否则……"代码块

两者的区别在于,判断后的结果个数不同。"如果……那么……"代码块只有一个判断结果(条件为真),而"如果……那么……否则……"代码块相当于有两个结果(条件为真,条件为假)。

示例：如果周六不下雨,乐乐去公园玩；如果周六下雨了,乐乐就去博物馆看展览。这句话可以用代码块表达,如图2.9所示。

解析：在图2.9中,需要判断的条件为——"周六不下雨"；

14

判断后,条件的结果为 2 个:周六下雨和周六不下雨;

结果为真(和给定条件一致)是:周六没有下雨;

"那么"下方的操作为:乐乐去公园玩;

结果不为真(和给定条件不一致或相反)是:周六下雨了;

"否则"下方的操作为:乐乐去博物馆看展览。

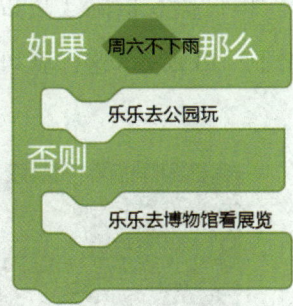

图 2.9　示例图

(四)串口监视代码块

图 2.10 是串口读取代码块,它的作用是读取某些串口(例如传感器、舵机等)的数值,并在串口监视器中显示出来。图 2.11 所示的功能就是读取亮度传感器 ID1 检测到的数值。图 2.12 是点击串口监视器显示数值的界面。

图 2.10　串口读取代码块

图 2.11　串口读取亮度传感器 ID1 亮度值

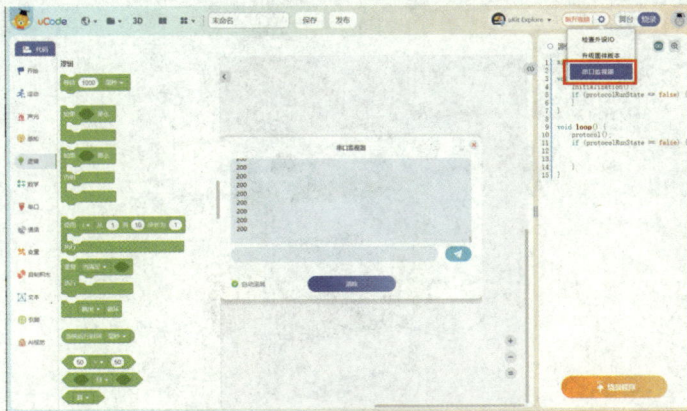

图 2.12　串口监视器显示数值

1 5

串口监视器除了可以读取传感器的数值外，还可以查看或者修改硬件的 ID，如图 2.13 所示，这样就可以根据读取到的数值修改调试程序。

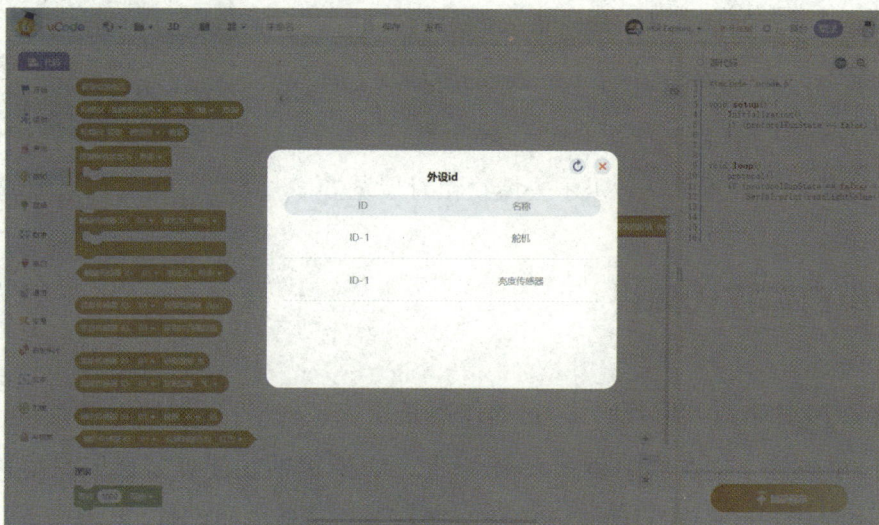

图 2.13　串口监视器显示的硬件编号

三、造物工厂

学习了那么多程序知识，要学以致用哦！请结合其他零件尝试做一个升级版的宣传栏吧！

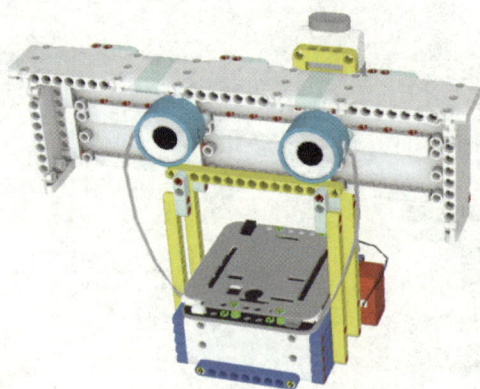

图 2.14　"宣传栏"模型参考图

（一）物料吧

材料清单

序号	材料名称		数量
1		Explore 2.0主板	1
2		2×2双向梁	7
3		9孔梁	2
4		5孔梁(浅蓝)	6
5		11孔梁	1
6		15孔梁	6
7		13孔梁	10
8		矩形面板(白)	15
9		眼灯	2

序号	材料名称		数量
10		亮度传感器	1
11		160 mm 3 Pin 线材	2
12		开关连接线	1
13		Explore 电池	1
14		Explore 上盖板	1
15		Explore 下盖板	1
16		黄色长销	12
17		红色销	99
18		绿色短销	8
19		开关	1
20		矩形框	1

（二）搭建吧

"宣传栏"由三大部分组成，如图 2.15 所示，分别是：宣传栏窗口、宣传栏支撑架和控制台。

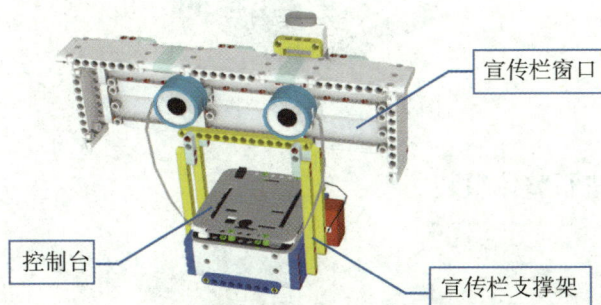

图 2.15 "宣传栏"结构图

宣传栏窗口由亮度传感器、眼灯等若干零件组成，用于展示要宣传的内容。同学们可以制作一张宣传海报，放置于窗口处的眼灯前；

宣传栏支撑架由若干零件组成，用于支撑宣传栏窗口，在宣传栏窗口和控制台之间起到连接支撑作用；

控制台由 Explore 2.0 主板、开关和若干零件组成，用来操控宣传栏窗口。

详细步骤请参考 uCode 软件中：3D 实验室→AI 上变形工坊→宣传栏大变身。

1. 搭建宣传栏窗口

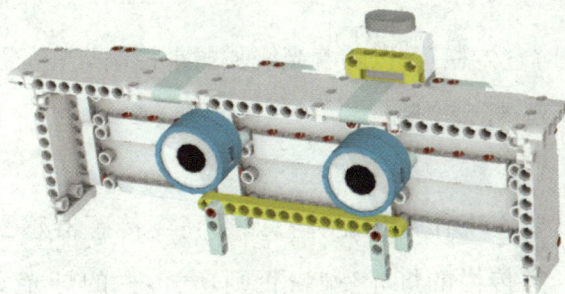

图 2.16 "宣传栏"窗口

2. 搭建控制台

图 2.17 "宣传栏"控制台

3. 用支撑架进行整体组装

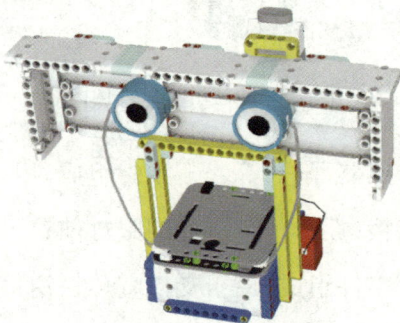

图 2.18 整体效果图

（三）编程吧

1. 任务

想一想：如何让"宣传栏"可以随着光线强弱来控制灯光的强弱：当夜晚到来，灯会变亮；当太阳升起，灯会变暗。

2. 程序设计

经过任务分析，要实现什么功能呢？如果亮度传感器感受到外界光线变强并且超出界限值时，宣传栏的灯光变暗；否则，宣传栏的灯光变亮。要实现这个功能，首先要为亮度传感器设定亮度值，然后进行判断。请参考以下步骤来实现吧！

（1）打开 uCode 软件，利用 USB 连接线将 Explore 主板连接至电脑，点击 uCode 软件右上角的"请选择设备"，选择"uKit Explore"，如图 2.19 所示。

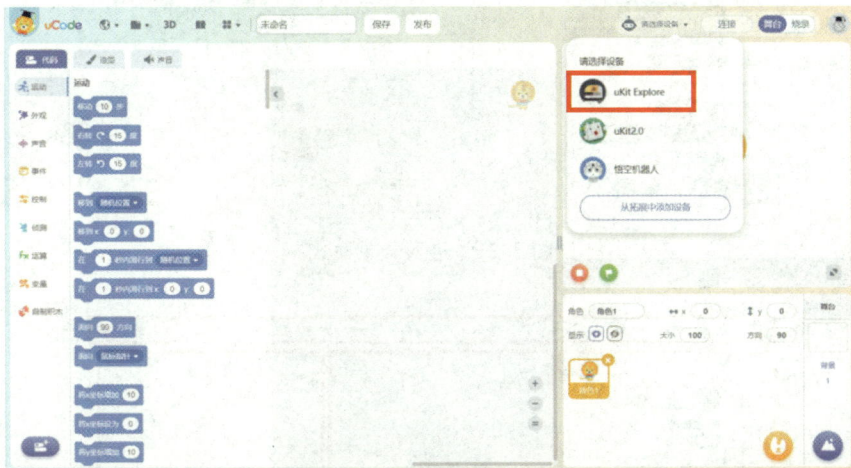

图 2.19　连接 Explore 板

（2）在连接窗口的 USB 连接目录下选择对应设备，点击"连接"，如图 2.20 所示。第一次连接时可能会提示升级固件，按照提示操作即可。

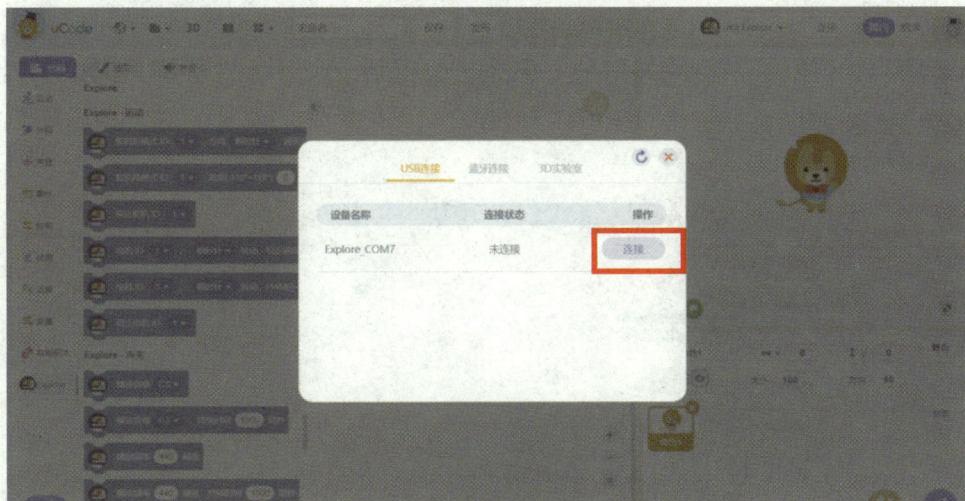

图 2.20　连接端口

（3）如图 2.21 所示，连接成功后，点击 uCode 软件右上角的"烧录"，进入 uCode 烧录模式界面。

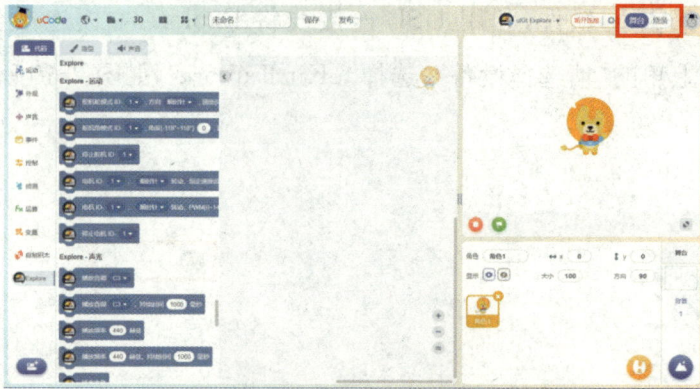

图 2.21　进入烧录模式

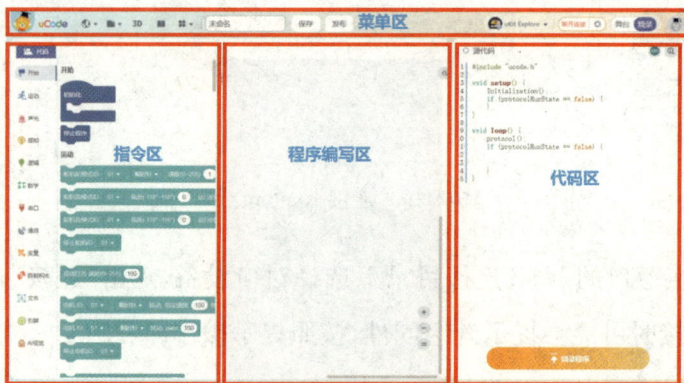

图 2.22　烧录模式界面

（4）点击"逻辑"，选择"如果……那么……否则……"代码块，将其拖拉至程序编写区，如图 2.23 所示。

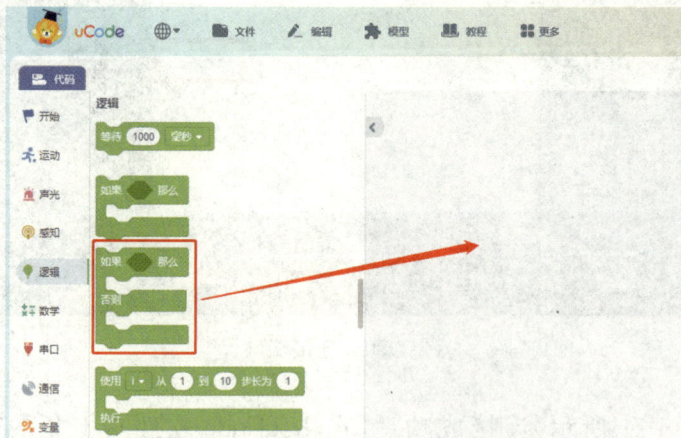

图 2.23　选择"如果……那么……否则……"代码块

（5）点击"逻辑"，选择用来确定赋值条件的拼接代码块（界面中有"＝"），并将"＝"修改为"＜"，随后与"如果……执行，否则……"代码块进行正确拼接，如图2.24和图2.25所示。

图 2.24　选择"＝"代码块

图 2.25　拼接完成图

（6）点击"感知"，选择"亮度传感器获取亮度值"代码块并与已有代码块进行正确拼接。亮度传感器ID号可通过点击下拉菜单进行修改，如图2.26所示。亮度传感器的界限值，需要通过串口监视器读取。根据当前光线环境，确定合理的数值，这里给出的数值为400，如图2.27所示。

图 2.26　选择"亮度传感器"代码块

图 2.27　拼接完成图

（7）点击"声光"，选择"亮起眼灯"代码块，拖拉到"那么"下方，如图2.28和图2.29所示。

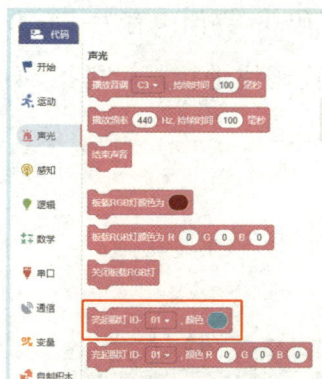

图 2.28　选择"亮起眼灯"代码块

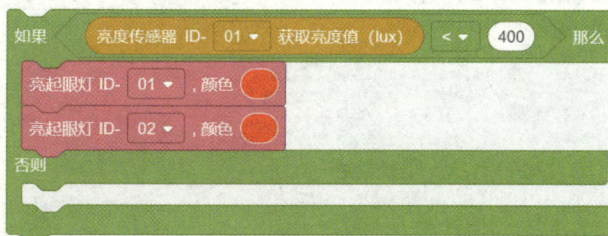

图 2.29　拼接完成图

（8）点击"声光"，选择"关闭眼灯"代码块，拖拉到"否则"下方，如图 2.30 和图 2.31 所示。

图 2.30　选择"关闭眼灯"代码块

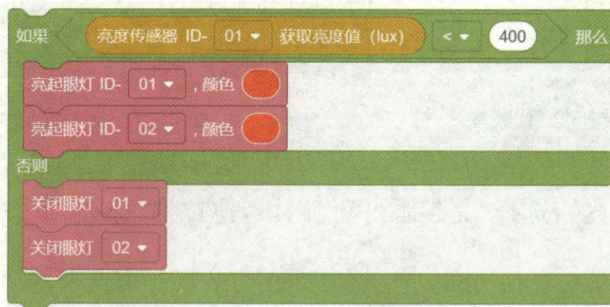

图 2.31　拼接完成图

（9）点击右下角"烧录程序"，如图2.32所示。

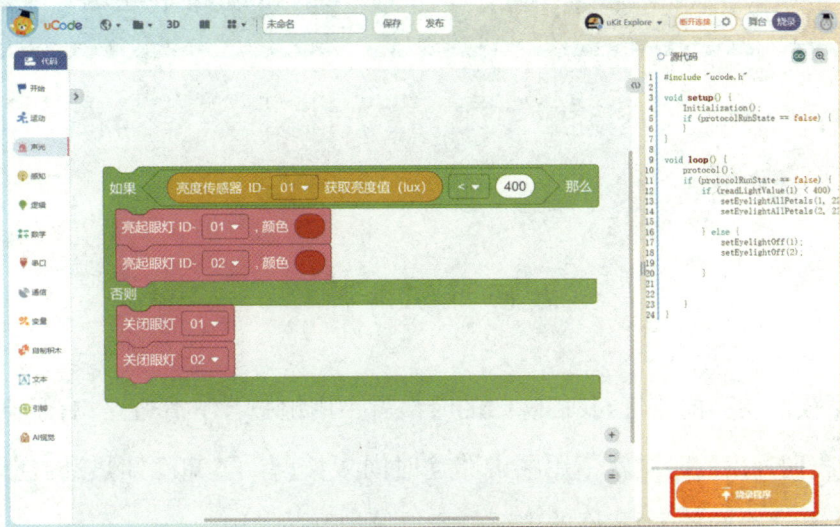

图2.32　烧录程序

（10）出现"烧录成功"后，对"宣传栏"进行功能测试，如图2.33所示。

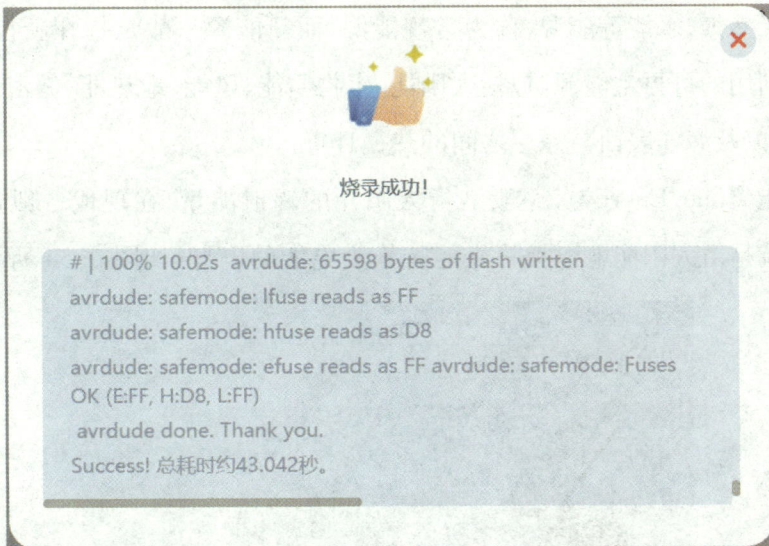

图2.33　烧录成功

四、不同"视"界

（一）知识拓展

如何节约能源？

有了夜间明亮的路灯，我们晚归的时候就不用担心看不清道路；有了高速行驶的列车，我们外出的时候就不用顾虑路途时间太长；有了"知冷知热"的空调，在炎热的夏天和寒冷的冬天，我们的生活就变得更加舒适了……

但是，这些便利的产生需要消耗能源，而能源的消耗则可能导致环境污染等一系列问题。从能源有限和环境保护这两个方面考虑，节约能源是十分必要的，尽可能地减少能源的消耗、提高能源的利用率是节约能源的两个核心。

节约能源的重要举措之一就是对新能源的应用研究。已经被广泛利用的煤炭、石油、天然气、水能等能源，称为常规能源，而新能源一般是指在新技术基础上加以开发利用的可再生能源，包括太阳能、生物质能、风能、地热能、波浪能、洋流能和潮汐能，以及海洋表面与深层之间的热循环等。

太阳能（Solar Energy），一般是指太阳光的辐射能量，在现代一般用作发电。太阳能灯就是由太阳能电池板将光能转换为电能的电灯，如图 2.34 所示；与普通

图 2.34　太阳能灯

电池和可循环充电电池相比,太阳能电池属于更节能环保的绿色产品。

(二) 实践创新

你认为生活中还有哪些场景可以利用亮度传感器来改善体验?写一写你的想法。

世界卫生组织研究表明,当室内的声音达到或超过一定大小时,就会使人无法集中精力,心情烦躁。在生活中,有的人习惯大声说话或者开会时大声喧哗,是否可以通过判断声音大小,来提醒人们声音过大的时候要降低音量以避免影响到他人?

一、奇妙世界

在日常生活中,你还发现有哪些噪声?

生活中有各种不同来源的噪声污染,例如利用广播促销的叫卖声、装修施工的声音、广场上大功率喇叭的音乐声、汽车鸣笛声等,如图3.1、图3.2、图3.3、图3.4所示。社会公益广告和公益活动呼吁人们在日常生活中尽量减少噪音污染、防噪降噪,每年的4月16日被定为"世界噪音日"。然而噪声污染仍然可能随处存在、长期存在,这将会影响人们的健康生活。

图3.1　广播促销声音

图 3.2　装修施工声音

图 3.3　广场大喇叭

图 3.4　汽车鸣笛声音

在校园的走廊里,你是否发现了"轻声细语脚步轻"的提示语? 如果有一个"变形金刚"可以帮助我们检测声音大小,提醒我们什么时候应该"轻声细语脚步轻"那该多好啊! 让我们一起动手来制造一个噪声污染检测器,让校园更加安静和美丽吧!

二、优学 U 乐

(一) 声音传感器的原理

在噪音检测仪里有一个声音传感器,如图 3.5 所示。电麦克风是声音传感器中负责采集声音的部分,它的作用类似于人类的耳朵。当麦克风"听到"声音后,声音传感器的其他部分把声信号转换成电信号,再由传输线将电信号传送到接收端,由此获取声音中携带的信息。

图 3.5　声音传感器

（二）眼灯的妙用

如图 3.6 中的眼灯有多个灯瓣，我们是否可以用点亮灯瓣数量的多少来表示声音的大小？当声音传感器检测到较大的声音时，被点亮的灯瓣数量会多一些；反之，当声音传感器检测到较小的声音时，被点亮的灯瓣数量会少一些，这样眼灯就变成了"无声的嘴巴"，静静地告诉我们声音是大还是小。

3 Pin接口　　　　零刻度线(安装时朝下)

图 3.6　眼灯

（三）舵机轮模式

舵机是一种电机，舵机有两种模式：轮模式和角模式。轮模式指的是如图 3.7 所示的舵机可以像玩具赛车里的马达一样控制轮子正转或反转；角模式指的是舵机可以控制轮子转动特定的角度。我们在本节中主要学习轮模式，如图 3.8 所示。

图 3.7　舵机

舵机轮模式ID- 01 ▼ ，顺时针 ▼ ，速度(0~255) 1

图 3.8　舵机轮模式代码块

（四）"如果……否则如果……"程序逻辑

请仔细观察图 3.9 和图 3.10,思考:这两个程序逻辑有什么区别呢?

图 3.9 "如果……否则如果……"逻辑   图 3.10 "如果……如果……"逻辑

示例:如图 3.11 所示和如图 3.12 所示,图中 x 为未知数。

图 3.11 "如果……否则如果……"示例   图 3.12 "如果……如果……"示例

当将数字 1 作为条件放到程序中运行时(即 $x=1$ 时),我们会发现"如果……否则如果……"程序中只会运行 1 动作,而"如果……如果……"程序中,因为数字 1 既小于数字 2,同时也小于数字 4,所以运行完 1 动作后还会运行 2 动作,那怎样才能使"如果……如果……"程序执行效果和"如果……否则如果……"程序一样呢?

如图 3.13 所示编写程序,实现的效果就和"如果……否则如果……"程序一样了。

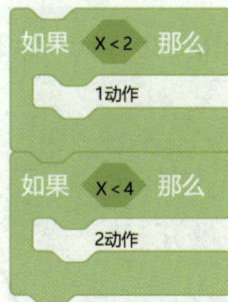

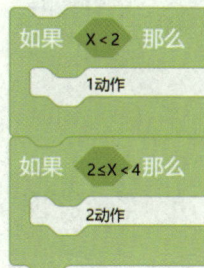

图 3.13 "如果……如果……"示例

（五）延时代码块

如图 3.14 所示，修改"毫秒"框后的数值，可以更改延时的时间，1 秒(s) = 1 000 毫秒(ms)，1 毫秒(ms) = 1 000 微妙(μs)。

图 3.14　延时 1 秒

三、造物工厂

这节课的知识学会了吗？不如我们一起来做一个"噪声污染检测器"，把知识利用起来吧！

图 3.15　噪声污染检测器模型图

（一）物料吧

材料清单

序号	材料名称		数量
1		Explore 2.0 主板	1
2		转向块(黄)	2
3		开关	1
4		驱动连接块	1
5		11 孔梁	1
6		舵机	1
7		13 孔梁	12
8		矩形面板(白)	4
9		眼灯	1

序号	材料名称		数量
10		3×3 带孔连接块	2
11		2×3 双向直角梁	2
12		轴销	1
13		声音传感器	1
14		160 mm 3 Pin 线材	1
15		80 mm 3 Pin 线材	2
16		Explore 电池	1
17		Explore 上盖板	1

序号		材料名称	数量
18		Explore 下盖板	1
19	 W4 x 1 (BLK)	开关连接线	1
20		红色销	56
21		工形块(浅蓝)	7
22	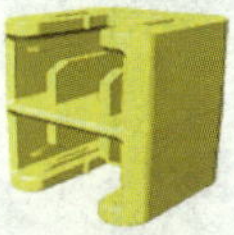	二倍连接块(黄)	5
23		3×5 弧形梁(黄)	2
24		绿色短销	8

（二）搭建吧

　　"噪声污染检测器"由两大部分组成,分别是检测部和手持柄。检测部由声音传感器、眼灯、舵机、Explore 2.0 主板、开关和若干零件组成,用于检测声音;手持柄由若干零件组成,如图 3.16 所示。

详细步骤请参考 uCode 软件中：3D 实验室→AI 上变形工坊→噪声污染检测器。

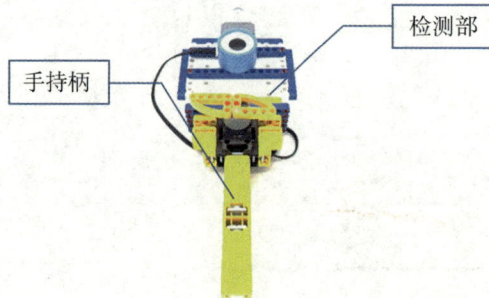

图 3.16　"噪声污染检测器"结构图

1. 搭建检测部

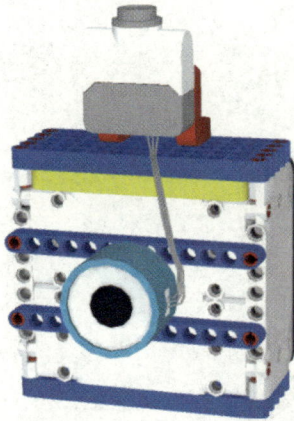

图 3.17　"噪声污染检测器"检测部

2. 搭建手持柄

图 3.18　"噪声污染检测器"手持柄

3. 整体组装

图 3.19　整体效果图

（三）编程吧

1. 任务

想一想：怎样让"噪声污染检测器"的眼灯可以根据声音大小来"点亮"不同数量的灯瓣呢？

2. 程序设计

声音传感器收集到的声音越大，灯瓣亮灯越多；声音传感器收集到的声音越小，灯瓣亮灯越少。如果想实现这样的效果，那么程序设计的逻辑应该是什么呢？请参考以下步骤来编程吧！

（1）打开 uCode 软件，进入编程页面，点击"逻辑"，选择"如果……那么……否则……"代码块，将其拖拉到界面并添加条件式，如图 3.20 所示。

图 3.20　建立逻辑式

（2）点击"感知"，选择"声音传感器检测"代码块，并与上述的代码块进行拼接。这里需设定声音强度的界限值,数值的大小由当前环境的声音确定,可从串口监视器读取。然后根据声音强度的范围(最小值、最大值)和要分的层级,确定每一级检测的界限值,这里的一级界限值为100,如图3.21所示。

图3.21 添加条件

(3)点击"声光",选择"眼灯,自定义灯瓣"的代码块,与步骤(2)中的代码块拼接,并将眼灯修改为八瓣全灭,如图3.22和图3.23所示。

图3.22 拼接完成图

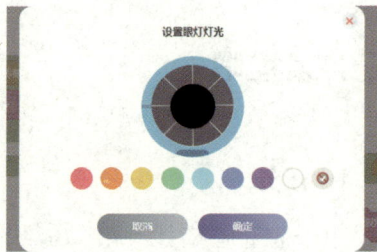

图3.23 设置眼灯灯光

(4)根据(1)~(3)的操作,完成声音强度值小于300,小于600和小于900时的程序,如图3.24所示。注意:每一层灯瓣的亮灭数量均不同,亮的灯瓣数会随声音的增强而增多。

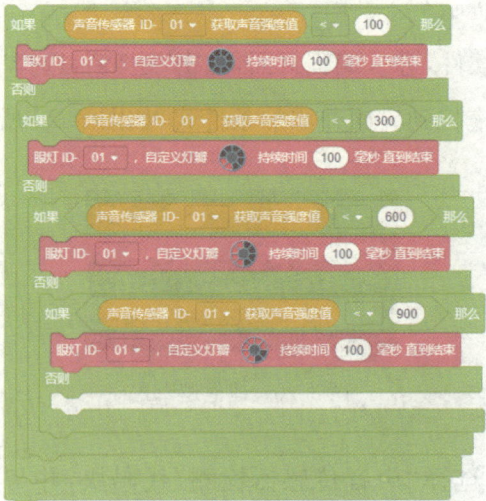

图3.24 逻辑完成图

（5）点击"运动"，选择"舵机轮模式"，然后添加到"否则"部分，作为声音强度值大于等于 900 时的执行动作，如图 3.25 所示。

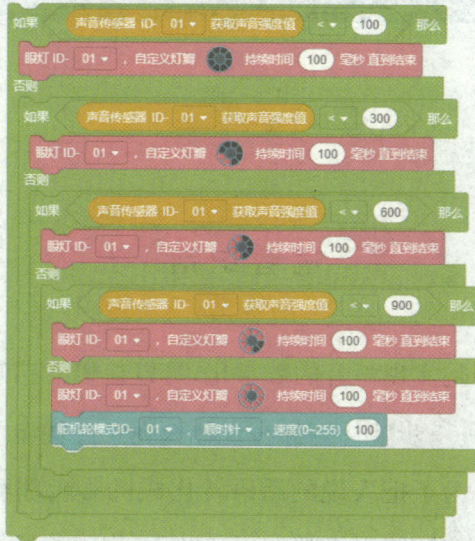

图 3.25 添加"舵机轮模式"

（6）点击"逻辑"，选择"延时"代码块，延长舵机顺时针转动的时间，然后再次选择"运动"中的"停止舵机"代码块，添加到"延时"代码块的下方，程序就到此结束了，完整程序如图 3.26 所示。

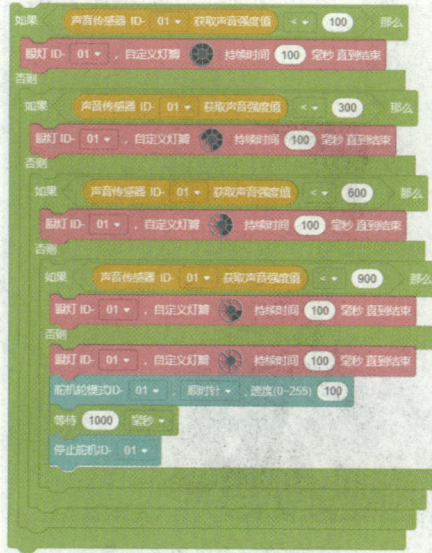

图 3.26 程序完成图

四、不同"视"界

（一）知识拓展

语 音 识 别

声音传感器的作用是实现声音的数字化,可以让机器感知声音、"听到"你的声音,那么机器是否能够进一步"听懂"你在说什么呢? 这就涉及语音识别的应用。

语音识别的目的是为了把人说的话语转化成机器能理解的指令,实现人与机器的语音交流。现在很多智能手机都有语音助手,你用爸爸妈妈的手机体验过吗? 当你需要给妈妈打电话的时候,对着爸爸的手机说"请打电话给妈妈",手机会自动调出妈妈的手机号码并且给妈妈拨打过去,是不是非常的方便? 实际上语音助手就是一个非常典型的语音识别的应用体现呢!

语音识别的实现是一个非常复杂的过程,但是随着科技发展,语音识别技术越来越成熟,应用范围也越来越广泛。仔细想一想,在你的生活里,还有哪些机器也用到了语音识别技术呢?

图 3.27　手机语音助手

（二）实践创新

想不想让你的噪声污染检测器检测声音更加准确？

可以通过编程划分更多的声音层级来提高准确度，尝试一下吧！

提示与举例：

当声音层级为 2 级时，每 4 个灯瓣为 1 级；

当声音层级为 4 级时，每 2 个灯瓣为 1 级。

主题四

火眼金睛

在变形工坊里，你已经应用亮度传感器升级了校园里的宣传栏，应用声音传感器制造了噪音污染检测器。它们一个像眼睛可以看到天黑天亮，一个像耳朵可以听到声音大小。快用你的"火眼金睛"来找一找，在日常生活中亮度传感器和声音传感器还被应用在哪些设备上吧！

一、奇妙世界

声音传感器和亮度传感器在生活中的应用十分广泛：图4.1中的亮度传感器装在计算机屏幕上，可以根据环境光线调节屏幕亮度，保障人们的用眼健康；图4.2中的路灯上加装亮度传感器后，可以根据光线强弱控制路灯的开关，起到节能作用；应用图4.3中的声光控开关控制楼道灯，

> 你观察过学校里的楼道灯吗？灯的开关是什么样的呢？

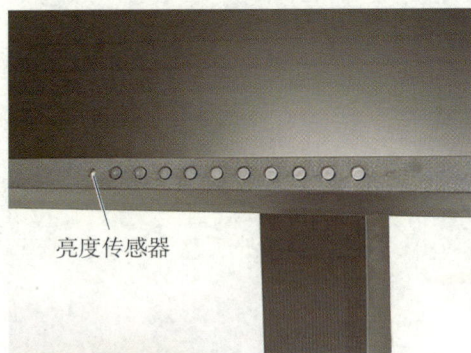

亮度传感器

图4.1　计算机上的亮度传感器

图 4.2 亮度传感器在路灯上的应用

图 4.3 声光控开关

可以同时通过声音和环境亮度控制灯的开关,达到节能目的。

二、优学 U 乐

(一)"耳聪目明"的开关——声光控开关

声光控开关是由音量和光照强度同时来控制用电器的开关,当环境的亮度达到某个设定值以下,同时环境的噪音超过某个值,开关就会开启,一般应用于楼道灯,如图4.4所示。声光控开关的功能主要包括以下三点:

第一,声音和光线共同控制开关。在开关附近发出一定声响并检测到光线较弱时,立即开启灯光及用电器;在白天或光线强时不会因声响而开启用电器。

图 4.4 声光控开关

第二,延时自动关闭。开关一旦受控开启会延后数十秒,方便使用者通过或使用照明装置。一段时间后开关自动关断,避免了因使用者忘记关闭开关而产生电能浪费。

（二）"且"逻辑

如图 4.5 所示，"且"逻辑代码块一般适用于两种并列的条件。例如：如果周日不下雨，乐乐就出去玩。因此乐乐出去玩的条件有两个：一是当天是周日，二是不下雨。如图 4.6 所示，只有同时满足这两个条件，乐乐才会出去玩。

图 4.5 "且"逻辑

图 4.6 "且"逻辑举例

三、造物工厂

首先，我们一起来把声光控开关的实物图（图 4.7）与模型图（图 4.8）作对比。想一想，搭建一个与实物功能一致的声光控开关需要什么器材呢？

图 4.7 声光控开关实物图

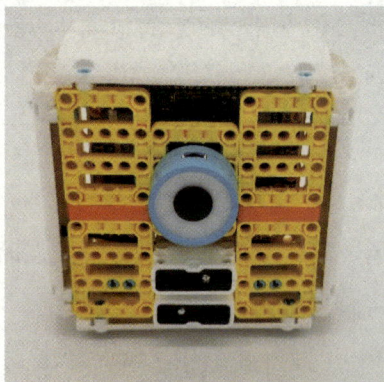

图 4.8 声光控开关模型图

（一）物料吧

材料清单

序号	材料名称		数量
1		Explore 2.0 主板	1
2		弧形面板（大）	8
3		2×2 双向梁	2
4		亮度传感器	1
5		声音传感器	1
6		黄色长销	20
7		Explore 电池	1

序号		材料名称	数量
8		5孔梁	4
9		11孔梁	10
10		开关	1
11		矩形框	10
12		眼灯	1
13		红色销	48
14		120 mm 3 Pin 线材	3
15		2×3 双向直角梁	2
16		绿色短销	8
17		开关连接线	1

（二）搭建吧

"声光控开关"分三部分组成：第一部分，将亮度传感器、声音传感器和眼灯与主板、电池和开关固定到一起；第二部分，搭建"声光控开关"的底面；第三部分，组装"声光控开关"四周的固定板。

详细步骤请参考 uCode 软件中：3D 实验室→AI 上变形工坊→火眼金睛。

1. 第一部分搭建

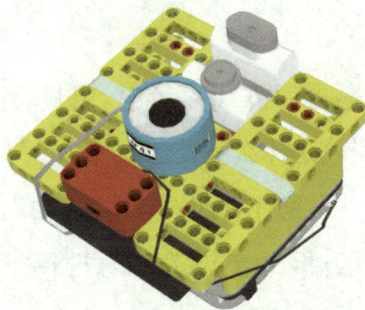

图 4.9 "声光控开关"第一部分

2. 第二部分搭建

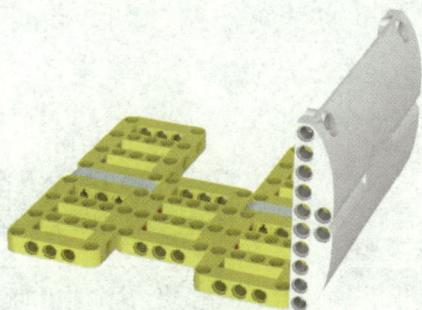

图 4.10 "声光控开关"第二部分

3. 第三部分组装

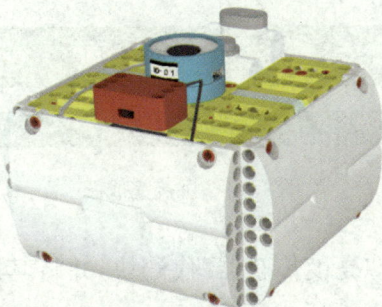

图 4.11 整体效果图

（三）编程吧

1. 任务

想一想：在程序中设置什么样的条件来控制眼灯？

2. 程序设计

如果外界环境光线较暗，并且发出声音时，眼灯会亮起，持续 10 秒后自动关闭。这个程序实现的逻辑应该是什么呢？请参考以下步骤来操作实现吧！

（1）打开 uCode 软件，进入编程页面。点击"逻辑"，选择"如果……那么……"的代码块，将其拖拉到编程区；再次点击"逻辑"，选择"且"逻辑代码块，拼接到"如果"条件中，如图 4.12 和图 4.13 所示。

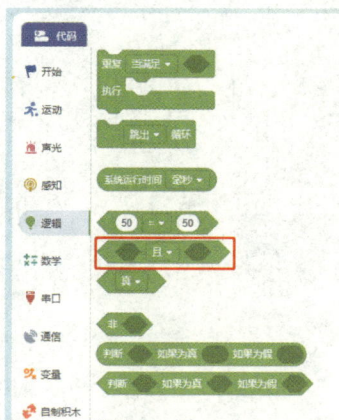

图 4.12　选择"且"代码块　　　　　图 4.13　添加"且"逻辑

（2）点击"逻辑"，选择条件式，添加到"且"逻辑中，如图 4.14 所示。

图 4.14　拼接完成图

（3）点击"感知"，选择"亮度传感器"代码块，并将其嵌入到条件中。这里需要修改亮度的界限值（该数值通过串口读取），如图 4.15 所示。

图 4.15　添加亮度值条件

（4）参考添加亮度值条件的操作方法，完成空缺部分声音值条件的添加，如图 4.16 所示。

图 4.16　添加声音值条件

（5）最后添加上相对应的执行动作，程序就完成了。完整程序如图 4.17 所示。

图 4.17　完整程序

四、不同"视"界

（一）知识拓展

真正"耳聪目明"的机器

语音识别技术可以让机器"听见""听懂"人们在说什么，并且能够根据人们的指令来执行任务，做到"耳聪"。那么机器是如何做到"目明"的呢？要让机器"看得到""看得准"，需要图像识别技术、视频识别技术这两种技术的应用。

在过去的几十年里，传感器和图像处理器不断迭代发展，现代摄像机的精确性和敏锐度达到了一个惊人的地步，它们每秒可以拍下数千张的图像，并十分精准地测量距离,机器人可以"看得见"了。

像人类的大脑一样,通过给机器观看各种图形、使用大量的计算和统计,通过持续的"学习",机器会将"看到的"物体与之前学习过的相匹配,从而能够"看得准",能够"识别"和"描述"。

现在图像识别技术、视频识别技术迅速发展,应用也越来越广泛,高铁站、机场、酒店、景区、校园……当你去图书馆借书,不用借书证,机器会根据你的人脸图像自动调出身份信息,并进行借书信息记录;当你回到家,机器会根据你的人脸图像自动核对身份信息,为你打开家门……

但是仅能"看得见""看得准"是远远不够的,还要能"看得懂""能理解",这是非常复杂和困难的。现在科学家仍然在努力研究、不断创新,我们相信离"耳聪目明"的机器诞生的那一天并不远了。

(二)实践创新

除了利用亮度传感器和声音传感器制作声光控开关,我们还可以利用这两个传感器的组合制作什么智能设备呢?构思一下并动手尝试制作吧!

变形工坊会迎来一位新成员,它与时间赛跑,是各类知识竞赛场的必备神器,与你携手努力来迎接新的胜利。猜猜看,它是谁?

一、奇妙世界

小身材,大用处!

随着科技革命的到来,人类的生活发生了翻天覆地的变化,原来的手机多是使用物理键盘按键输入,现在的智能手机大多是通过触摸屏幕的方式操控,用户体验大大提升。但是这也并不能抹杀物理键盘曾经的辉煌,物理键盘使用的是一个看起来不起眼,却非常有用的电子元件——触碰传感器,如图 5.1、图 5.2、图 5.3、图 5.4 所示。

找一找: 这些物品有什么相同的使用特点?它们都用到了一个相同的零件,是什么呢?

图 5.1　普通遥控手柄

图 5.2　带摇杆遥控手柄

图 5.3　按键手机

图 5.4　智能手机

二、优学 U 乐

（一）触碰传感器

触碰传感器实际类似于碰撞开关，它可以通过检测物体对开关的有效触碰，进而触发相应动作，如图 5.5 所示。

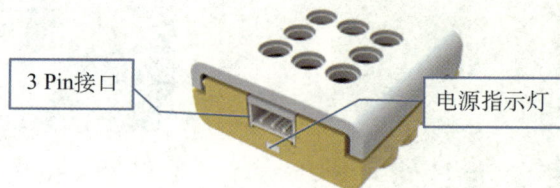

3 Pin 接口　　　　　　　　　　　电源指示灯

图 5.5　触碰传感器

（二）舵机角模式

舵机角模式可以让舵机转动到某一个固定的角度。通过设置舵机 ID、角度和运行时长等相关参数，可以调整舵机的状态。舵机的 ID 是唯一标识符，当使用不同的舵机编写程序时，要注意设置 ID 为你所使用的舵机 ID；不同的角度可以让舵盘转到不同的方向；运行时长是在设定的状态下运行的时间。具体设置如图 5.6 和图 5.7。

图 5.6　舵机 01 在 100 毫秒内转动到 0 度

图 5.7　舵机 01 在 500 毫秒内转动到 90 度（直到结束）

两个代码块略有区别。以 3 个舵机为例，如图 5.8 和图 5.9 所示，它们总共的运动时间不同。图 5.8 表示的是舵机 1、2、3 在 1 000 毫秒内同时运动到 90 度的位置，全部完成后，总运动时间是 1 000 毫秒；而图 5.9 表示的是"1 号舵机在 1 000 毫秒内运动到 90 度位置"的动作结束后才开始运行 2 号舵机，然后是 3 号，全部完成的总时间是 3 000 毫秒。

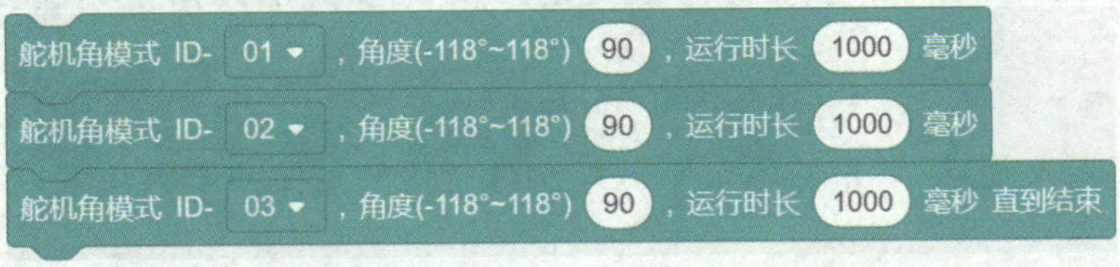

图 5.8　舵机 1、2、3 在 1 000 毫秒内同时转动到 90 度

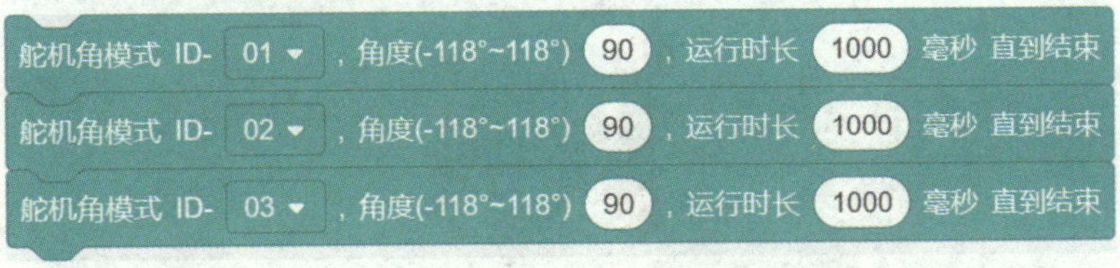

图 5.9　舵机 1、2、3 在 1 000 毫秒内依次转动到 90 度

（三）触碰传感器代码块

触碰传感器的检测有两种逻辑代码块，如图 5.10 所示和如图 5.11 所示。

图 5.10　逻辑代码块 1

图 5.11　逻辑代码块 2

两者均可检测触碰传感器的状态，区别在于：前者是一个事件，它在作出条件判断后，还可以执行后续动作；而后者仅是一个判断条件。两者之间可以转化，如图 5.12 所示。将图 5.11 所示代码块拖入至"如果……那么……"代码块中，此时图 5.12 就与图 5.10 所示的功能一样了。

值得一提的是，前者只能单独使用于只有一个触碰检测条件的场景，而后者作为一个条件，可以与其他条件进行拼接，适用于多个条件的场景。

图 5.12　条件组合

三、造物工厂

我们一起来做一个"抢答器"，学习触碰传感器的具体使用方法吧！

图 5.13　"抢答器"模型图

（一）物料吧

材料清单

序号	材料名称		数量
1		Explore 2.0 主板	1
2		舵机	1
3		转向块(黄)	2
4		2×3双向直角梁	2
5		矩形面板(浅蓝)	4
6		单延伸块(蓝)	1
7		3×3带孔连接块	2

序号	材料名称		数量
8		黄色长销	9
9		Explore 电池	1
10		120 mm 3 Pin 线材	2
11		5孔梁(浅蓝)	2
12		4×6角梁	4
13		9孔梁	2
14		矩形框	1
15		13孔梁	10
16		红色销	46

序号		材料名称	数量
17		工形块(浅蓝)	1
18		绿色短销	12
19		触碰传感器	1
20		11孔梁	1
21		开关	1
22		开关连接线	1

（二）搭建吧

"抢答器"由三大部分组成，分别是"手"、"手臂"和控制台，如图5.14所示。"手"由若干零件组成，触碰之后通过手展现相应动作；"手臂"由一个舵机和若干零件组成，触碰之后通过手臂执行相应动作；控制台由 Explore 2.0 主板、开关和若干零件组成，用来放触碰装置。

详细步骤请参考 uCode 软件中：3D 实验室→AI 上变形工坊→争分夺秒。

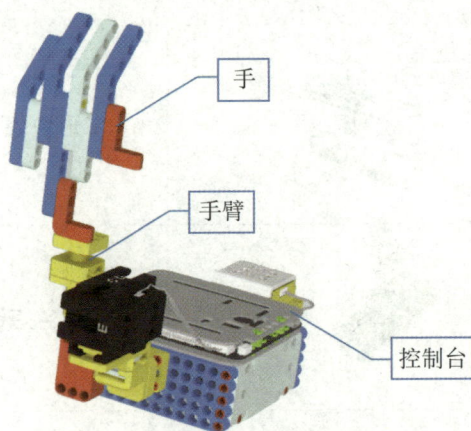

图 5.14 "抢答器"结构图

手

手臂

控制台

1. 搭建手臂

图 5.15 "抢答器"手臂

2. 搭建手部

图 5.16 "抢答器"手部

3. 搭建控制台

图 5.17 "抢答器"控制台

4. 整体组装

图 5.18 "抢答器"完成图

（三）编程吧

1. 任务

想一想：如何实现按下"抢答器"开关后，让"手臂"做出相应的动作呢？

2. 程序设计

当触碰传感器感受到外界压力后，需要抢答器的手臂做出举手动作。那么舵机要怎么设置呢？请参考以下步骤来操作实现吧！

（1）打开 uCode 软件，进入编程页面，点击"感知"，选择"触碰传感器状态为单击"代码块，并将其拖拉到编程区。然后点击"运动"，选择"舵机模式"代码块，并与已有代码块进行正确拼接，最后修改舵机编号、角度和运行时长，如图 5.19 所示。

（2）重复第一步操作，将"单击"修改为"双击"，角度设置为 - 90，该双击操作能将

图 5.19 "单击"状态

抢答器复位，如图 5.20 所示。

图 5.20 "双击"状态

（3）将触碰传感器"单击"部分代码块和"双击"部分代码块拼接。完整程序如图 5.21 所示。

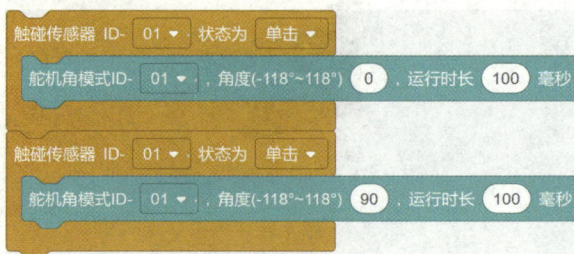

图 5.21 拼接完成图

四、不同"视"界

（一）知识拓展

大自然里的"传感器"

各种传感器的广泛应用大大方便了人们的生活，抢答器可以让知识竞赛更加公正、客观；声光控开关可以更节能，更加方便地控制电器……大自然里，在一些动植物身上也有神奇的"传感器"，你知道吗？

昆虫的头部有两根像"天线"一样的须，被称为触角。触角的形状各异，十分奇特，是昆虫重要的感觉器官，主要起嗅觉和触觉作用，有的还有听觉作用，或能感受外界的温度、湿度等。通过触角采集到的信息，昆虫会进行选择食物、取食、躲避危险、寻觅配偶及为后代选择栖息场所等一系列行为。

蚂蚁的触角就是传感器的大集合。蚂蚁触角的主要功能是指路，它们寻找食物、认路、和同伴交流等都得靠触角。蚂蚁的触角有敏锐的听觉功能，可以帮助蚂蚁接受外界的信息，躲避危险；触角还能帮助蚂蚁维持身体平衡，没有触角的蚂蚁在平地上也寸步难行；蚂蚁也用触角来分辨不同蚂蚁留在地上的信息素、辨别食物，等等。

你还知道有类似"传感器"的动植物吗？开动大脑想一想吧。

图 5.22　触角交流

（二）实践创新

尝试将单人抢答器改造成双人抢答器，需要满足以下条件：

1. 两人分别使用两个抢答器进行抢答；
2. 当其中一方选手按下抢答器按钮后，另一方选手即使按下也没有效果。

主题六 手势互动

想象一下，此刻的你正站在一块大屏幕前，通过用手翻页、滑动、确认等简单的操作，就可实现对商品的浏览并完成购物，这样的体验是不是很神奇呢？

这节课将带你体验一款很有乐趣的游戏——手势互动！

一、奇妙世界

想不想探究一下这个奇妙的原理呢？这节课的学习将带你打开一个"新世界"。

你喜欢打篮球吗？除了篮球场，我们还有更为厉害的"场地"哦！在它面前，你可以切换不同的场景，让你身临其境获得不同的体验。比如：你可以感受试穿衣物的场景，当你站在它面前时，你就可以看到美美的衣服穿在身上的效果；你还可以感受开赛车的场景，当你站在它面前时，通过手势就可以控制好赛车方向盘……是不是别有一番乐趣呢？我们可不可以利用我们所学的知识，制作一个可以和我们进行简单互动的装置呢？

这节课我们将学习制作一个比较简单的互动装置——"手势互动"，它是一个可以通过手势和人进行互动的装置，快想想如何实现吧！

图 6.1　篮球体验

图 6.2　游戏体验

二、优学 U 乐

（一）红外传感器

如图 6.3 所示的红外传感器发出的红外线在遇到障碍物时,会根据距离的远近引发不同强度的反射,最后被红外传感器接收。根据这个原理,红外传感器就可以检测出物体的远近。

红外传感器的常见应用有很多,例如家里常用的电视遥控器、空调遥控器、鼠标等。

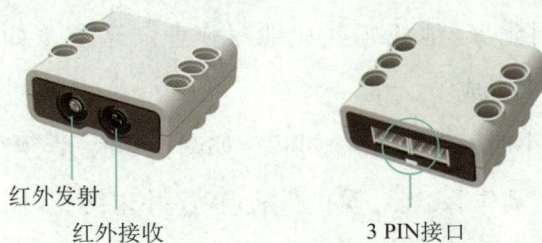

红外发射

红外接收

3 PIN接口

图 6.3　红外传感器

（二）"重复……执行……"代码块

如图 6.4 所示的代码块是一个"当满足某个条件时，重复执行相同的操作"的程序代码块。注意，程序中的"条件"需要放在如图 6.4 所示的蓝色箭头指示的位置。

图 6.4 "重复……执行……"代码块

示例：如果你早上没有及时关掉闹钟，它就会一直响铃。用以上代码块就可以表达，如图 6.5 所示：

图 6.5 示例代码 1

那如果执行部分不放任何动作会发生什么呢？

示例：小明一回到家，他妈妈就让他写作业。这个该如何用"重复满足条件……执行"代码块来完成？

重复执行的是"小明不在家"这个过程。如图 6.6 所示，当小明不在家时，执行空白程序，也就是不"动作"。当一次执行后，程序并未终止，而是随着时间流逝不停重复进行检测。当小明到家时，程序检测到此时条件变化，不再满足"小明不在家"的条件，则程序执行下一步，即"妈妈让他写作业"。在这里，"重复满足条件……执行"代码块就相当于"在……之前一直等待"的用法。

妈妈让他写作业

图 6.6　示例代码 2

（三）修改 ID

若同一项目里出现多个传感器或舵机，此时就需要更改传感器和舵机编号（ID号）用以区分。连接 Explore 主板和需要修改 ID 的设备后，点击检查外设 ID（如图6.7 所示），选择你想要修改的 ID 设备，然后输入你想要更改的 ID 号，然后点击空白处（如图 6.8 所示）。当出现如图 6.9 所示的提示即修改成功。

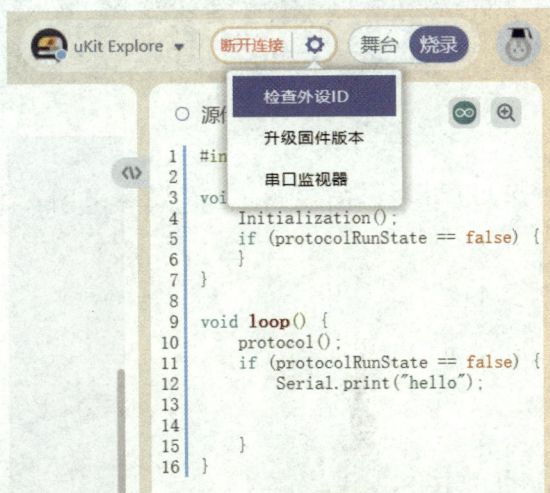

图 6.7　检查外设 ID

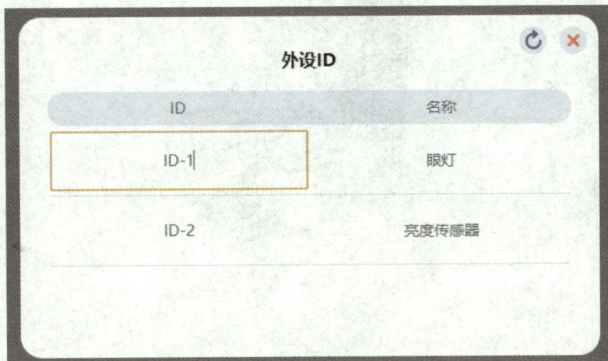

图 6.8　选择设备

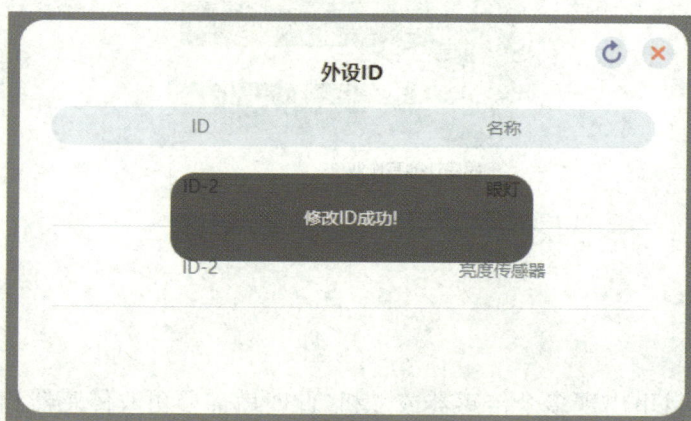

图 6.9　修改 ID 成功

三、造物工厂

制作"手势互动"你是不是已经有思路了呢？可参考图 6.10 所示手势互动模型，快快行动起来吧！

图 6.10　手势互动模型图

（一）物料吧

材料清单

序号	材料名称		数量
1		Explore 2.0主板	1
2		方形舵机夹	3
3		9孔梁	2
4	W4 x 1 (BLK)	开关连接线	1
5		矩形面板（白）	4
6		舵机	3
7		13孔梁	12
8		矩形框	4

序号	材料名称		数量
9		5×5 带孔连接块	1
10		3×3 带孔连接块	1
11		2×3 双向直角梁	1
12		红外测距传感器	2
13		160 mm 3 Pin 线材	1
14		120 mm 3 Pin 线材	4
15		Explore 电池	1
16		Explore 上盖板	1
17		Explore 下盖板	1

序号	材料名称		数量
18		黄色长销	4
19		红色销	57
20		长指针	1
21		绿色短销	10
22		11孔梁	1
23		开关	1

（二）搭建吧

　　如图6.11所示的"手势互动"由两大部分组成，分别是：摇摆臂和操作台。摇摆臂由舵机和若干零件组成，用于随手势方向摆动；操作台由 Explore 2.0 主板、开关、红外传感器和若干零件组成，用于识别手势动作。

　　详细步骤请参考 uCode 软件中：3D 实验室→AI 上变形工坊→手势互动。

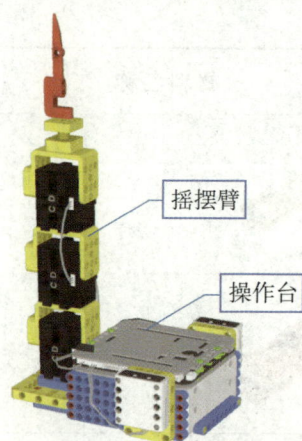

图 6.11 "手势互动"结构图

标注：摇摆臂、操作台

1. 搭建摇摆臂

图 6.12 "手势互动"摇摆臂

2. 搭建操作台

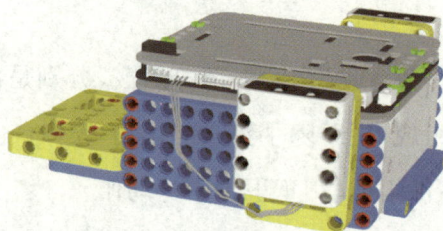

图 6.13 "手势互动"操作台

3. 整体组装

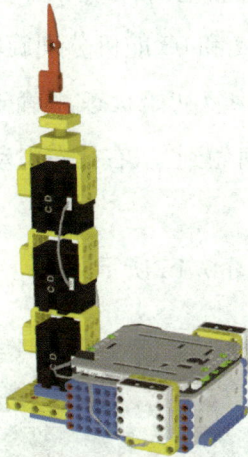

图 6.14 "手势互动"完成图

(三) 编程吧

1. 任务

想一想："手势互动"是如何判断手势的？

2. 程序设计

通过判断手掌被两个红外传感器检测到的先后顺序，进行手势方向的检测。首先编写从左往右滑动的程序，大致分为几个过程：先是 1 号传感器检测到手掌，然后是手掌在 1 号传感器上方向右滑动的过程中持续被检测，直到手掌滑过 1 号传感器检测区域，开始被 2 号传感器检测。同样的，手掌在 2 号传感器上方向右滑动的过程中持续被检测，直到手掌滑过 2 号传感器检测区域，至此过程结束。

从左往右变换手势：如果 01 红外传感器检测到手掌距离小于 17 (注：17 为红外传感器检测到物体的合适距离)后，开始依次执行以下操作：

当 01 红外传感器检测到手掌距离小于 17，重复执行空白操作(在 1 号传感器跳出检测到的障碍物之前一直等待)；

当 02 红外传感器检测到手掌距离大于 17，重复执行空白操作(在 2 号传感器跳出检测到障碍物之前一直等待)；

当 02 红外传感器检测到手掌距离小于 17，重复执行空白操作(在 2 号传感器跳出检测到的障碍物之前一直等待）；

待手掌跳出 2 号传感器的检测范围后，右滑手势结束，紧接着完成右滑的执行动作：摇摆臂向右摆动，即 01、02 和 03 舵机分别旋转 -20 度，时间为 100 毫秒。

执行完毕后，3 个舵机立即恢复初始状态，即舵机角度全部归 0。

按照以上逻辑，想一想，如何做到"从右往左滑动手势"的操作呢？请参考右滑逻辑来编程实现吧！

（1）从左往右摆动手势，如图 6.15 所示：

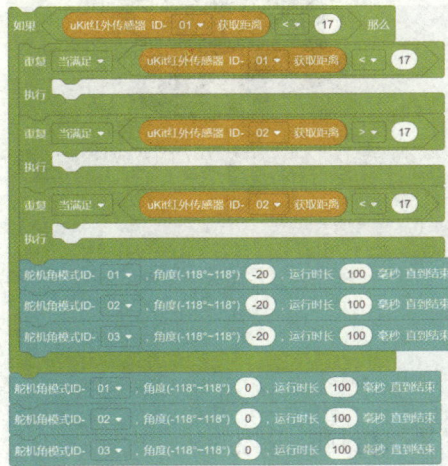

图 6.15　"手势互动"从左往右摆动手势完成图

（2）从右往左摆动手势，如图 6.16 所示：

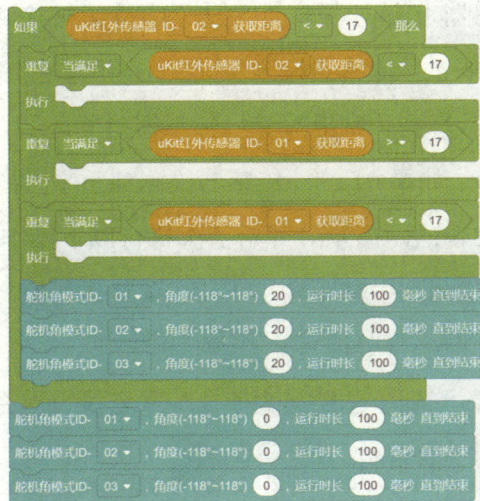

图 6.16　"手势互动"从右往左摆动手势完成图

以上两部分结合就是完整程序哦，你有没有更好的编程方法呢？快去试一试吧！

四、不同"视"界

（一）知识拓展

试衣"魔镜"

2014 年 9 月 7 日，在服装交易市场"海衣都大厅"中央摆放的一台高科技产品成功吸引了游客们的注意，它就是试衣"魔镜"！

人只要站在它面前合适的距离处，通过手势动作就可以完成各种衣服的选择，并可"穿"在镜中人像的身上。试衣"魔镜"主要运用了红外感应技术捕捉人的轮廓，再结合手势控制技术，就可根据人距离的远近和身体的大小将衣服贴合地"穿"在身上。

游客们借助"魔镜"可以快速完成衣服的选择和试穿。当顾客徒手隔空操作时，衣服还会随着人体的动作发生变化，自然贴身，智能识别试衣人的身材，让你全方位地看到衣服在身上的效果，还可以自由选择衣服和服饰进行搭配哦。

同学们，红外传感器的世界是不是很神奇呢！

（二）实践创新

给你的作品再增加两个红外传感器，实现不仅能够检测左右方向，同时还能检测前后的功能吧！一起来试一试吧！

主题七 进击的机器人

一提到"机器人",大家是否会想到科幻电影、小说中那些像人类一样可以思考问题、表达思想的机器人呢?虽然现在的机器人还没有像电影、小说里描述的那么智能,但是在过去的几十年里,机器人的种类已随着技术的进步而越来越丰富,功能逐渐变得强大,应用范围逐渐广泛,甚至外观形态像人的"人形机器人"也逐渐走入人们的视野。

一、奇妙世界

关于"人形机器人",你还知道哪些呢?

机器人的基本特点是通过传感器和执行器与物理世界进行交互,通过编程设定指令从而自主或半自主地执行动作。例如大量应用于工厂的工业机器人(搬运、组装、加工机器人)、用于医疗领域的外科手术机器人、用于家庭的扫地机器人,并不具有和人类一样的身体,却可以代替人去从事单一、繁重、危险的体力劳动。但科学家对机器人的研究并不止步于此,随着技术的不断发展,机器人不仅应用在工业、医疗、家庭等方面,人类正在逐渐把更多的任务交给机器来完成。我们可以大胆猜想,机器

人的发展趋势是最终融入到人们生活的方方面面，如图 7.1、图 7.2、图 7.3、图 7.4
和图 7.5 所示。

图 7.1　工业机器人

图 7.2　军用机器人

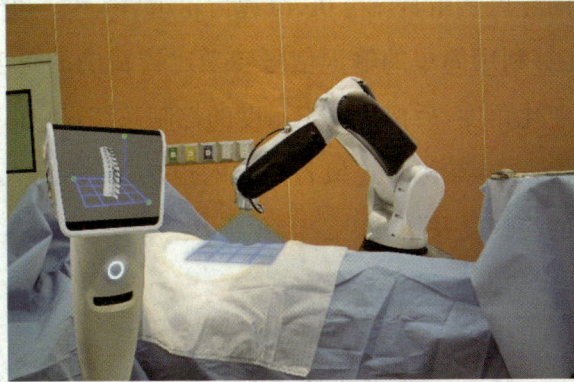

图 7.3　手术机器人

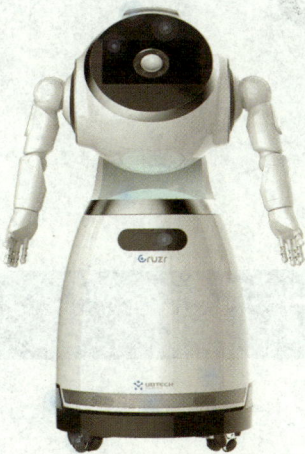

图 7.4　优必选 Cruzr 机器人

图 7.5　优必选 Alpha EBot 机器人

研发人形机器人是一项非常复杂的科学工程。在众多挑战中,让机器人实现直立双足行走是科学家和工程师们最难攻克的一个难题。要让机器人实现直立行走,不仅要有底层可靠的硬件基础,还要有上层成熟的软件技术,更重要的是还要有行走所涉及的平衡算法。在变形工坊里,"变形机器人"可以从车形"变形"为人形,所需的硬件基础就是舵机。

如图7.6所示的舵机是由直流电机、减速齿轮组、传感器和控制电路组成的一套自动控制系统,能够利用简单的输入信号转动比较精确的角度。舵机适用于那些根据需要先不断变化角度,后保持特定角度的控制系统,例如人形机器人的手臂和腿。在类人型机器人中,舵机是连接各结构的连接器,如同人类的关节一样,它决定了机器人动作的流畅度及精度。

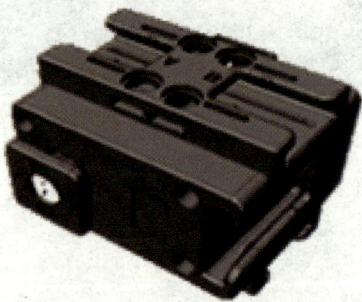

图7.6　舵机

三、造物工厂

这节课我们将组合使用舵机来搭建一个机器人!(可参照图7.7所示机器人

模型搭建）

图 7.7　机器人模型图

（一）物料吧

材料清单

序号	材料名称		数量
1		控制器	1
2		舵机	14
3		5孔梁	2

序号	材料名称		数量
4		2×3双向直角梁	9
5		45°舵机夹(右)	1
6		45°舵机夹(左)	1
7		轮毂	2
8		黄色长销	3
9		轮胎	2
10		转向块(黄)	2
11		轴销	4

序号		材料名称	数量
12		L 型基座(灰)	2
13	W4 x 1 (BLK)	开关连接线	1
14		120 mm 3 Pin 线材	14
15		方形舵机夹	6
16		连接块(黄)	6
17		二倍连接块(黄)	4
18		红色销	41
19		驱动连接块(车轮)	2
20		3×3 垫片	2

序号	材料名称		数量
21		工形块(浅蓝)	6
22		绿色短销	12
23		开关	1
24		5×5带孔连接块	1
25		3×3带孔连接块	2
26		扁平对称延伸块	2
27		3×5弧形梁	3
28		2×2双向梁	2

（二）搭建吧

机器人主要是由 14 个舵机分别组成手部和腿部,舵机编号对应 1 至 16(编号 7 和编号 12 不作使用),由控制器构成躯干部分,如图 7.8 所示。

详细步骤请参考 uCode 软件中:3D 实验室→AI 上变形工坊→进击机器人。

舵机编号

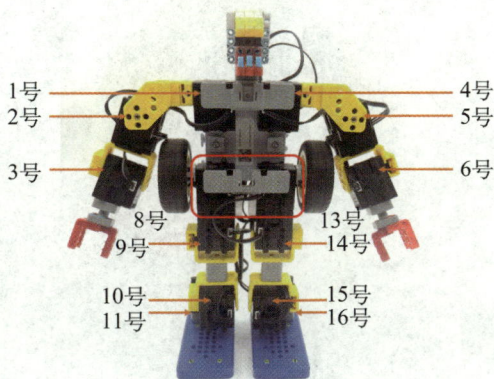

图 7.8　机器人结构图

1. 搭建机器人腿部

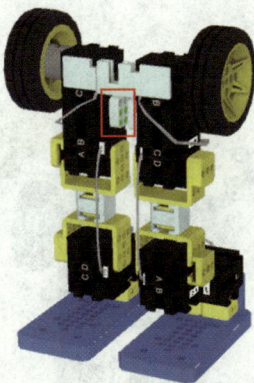

图 7.9　机器人腿部

注意:舵机与连接件相互连接时,舵机箭头要与刻度线对齐;舵机与舵机相互连接时,中间要用插销和 3×3 带孔连接块固定。

2. 搭建机器人手臂

图 7.10　机器人手臂

3. 搭建机器人头部

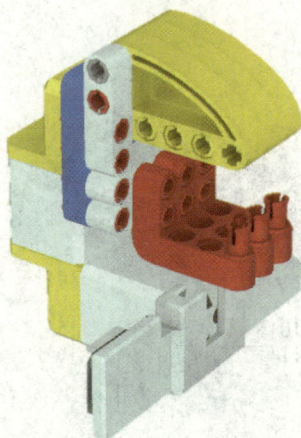

图 7.11　机器人头部

4. 组装后整体效果图

图 7.12　机器人整体效果图

四、不同"视"界

（一）知识拓展

生活中常见的几类机器人

1. 扫地机器人

扫地机器人，也可以称为自动打扫机、智能吸尘器等，如图 7.13 所示。机器外形以圆盘为主，是智能家居的一种，自动在房间内完成地板清理工作。工作方式主要分为两种：刷扫和真空吸纳。扫地机器人将地面杂物、垃圾吸入自身的垃圾收纳盒，从而完成地面清理的功能。

图 7.13　扫地机器人

2. 农业机器人

如图 7.14 所示的农业机器人在宽阔的农田中使用较多，它在一定程度上替代了人力。国外的部分农业机器人不仅可以自动除草，还可以自动分析土壤的湿度从而对田地进行浇水灌溉，给农场或大面积田地的管理带来了很大的便利。

图 7.14　农业机器人

（二）实践创新

　　掰动你的机器人，试一试它可以摆出多少种不同的动作？给你的机器人设计一个独特的造型吧！

舵机是人形机器人的核心部件，人形机器人要实现各种运动功能，就需要编程者提前设定程序，使舵机对机器人部件进行协调控制，完成一系列动作。

一、奇妙世界

随着科学家和工程师们的不断研究与开发，机器人技术越来越先进，人形机器人作为最先进的机器人之一，最大的特点是能够像人类一样灵活运动，例如它们可以行走，可以跳舞，可以演奏音乐，可以玩冰球，可以烹饪……着实让人叹为观止，如图8.1、图8.2、图8.3和图8.4所示！

机器人是如何像人一样完成各种复杂动作的？想不想让你的机器人也来做一些简单的动作呢？尝试一下吧。

图 8.1　机器人演奏乐器

图 8.2　机器人玩冰球　　　　　　　　图 8.3　机器人打拳击

图 8.4　机器人在做饭

二、优学 U 乐

（一）两足机器人步态综合

　　两足机器人步态综合的目标是实现步行的稳定性、高效率和适应性，稳定性是步态综合的基本要求。实现目标困难的原因在于，两足机器人采用模拟人类行走的方式，所以灵活性比一般机器人强，但在动作实现上却要复杂得多。

（二）机器人行走动作分解

机器人走路在一定程度上是和人走路很相似的，比如会有身体前倾、膝盖弯曲、向前迈步等动作，如图 8.5、图 8.6、图 8.7 和图 8.8 所示。

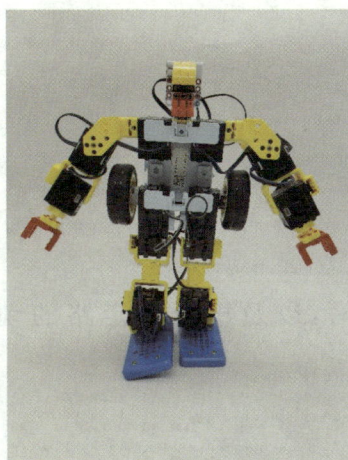

图 8.5　机器人右腿弯曲

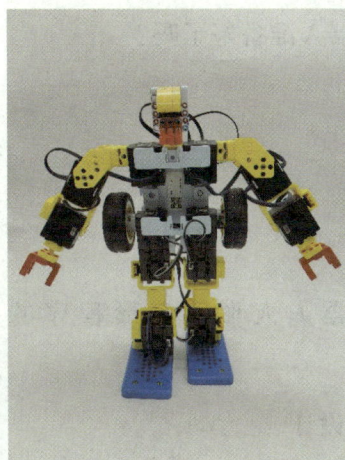

图 8.6　机器人右脚前进

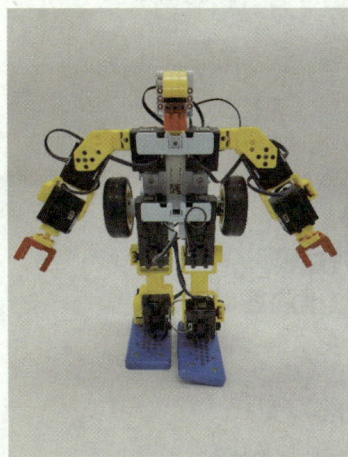

图 8.7　机器人左腿弯曲

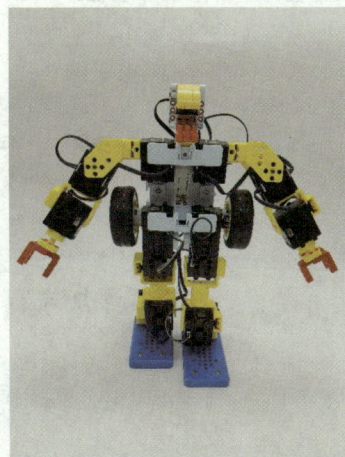

图 8.8　机器人左脚前进

三、造物工厂

（一）物料吧

你的机器人准备好了吗？

（二）编程吧

1. 任务

完成机器人人形和车形程序的编写，以及机器人走路的动作设计和编程。

2. 程序设计

（1）新建机器人模型

第一步：打开平板上的 uKit EDU 软件，然后在右上角的"设置"里选择相应的主控型号（这里选择 uKit 1.0 主控），如图 8.9 和 8.10 所示。

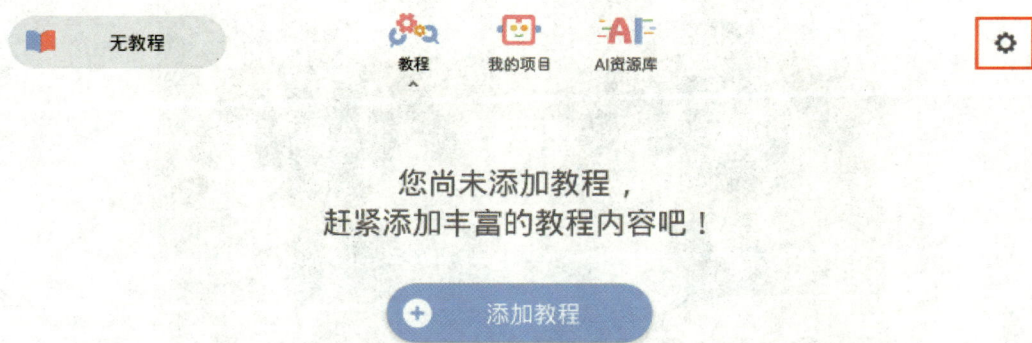

您尚未添加教程，
赶紧添加丰富的教程内容吧！

添加教程

图 8.9　uKit EDU 软件界面

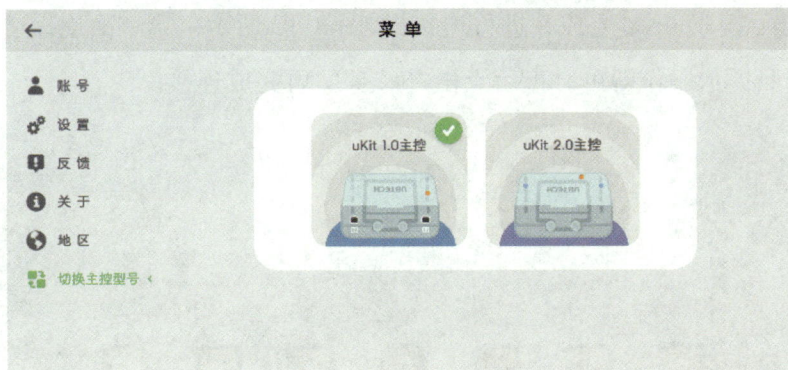

图 8.10　选择主控型号

第二步：点击我的项目，选择"新建项目"，如图 8.11 所示。然后将机器人开机，如图 8.12 所示，点击右上角的蓝牙小图标，开始连接机器人。

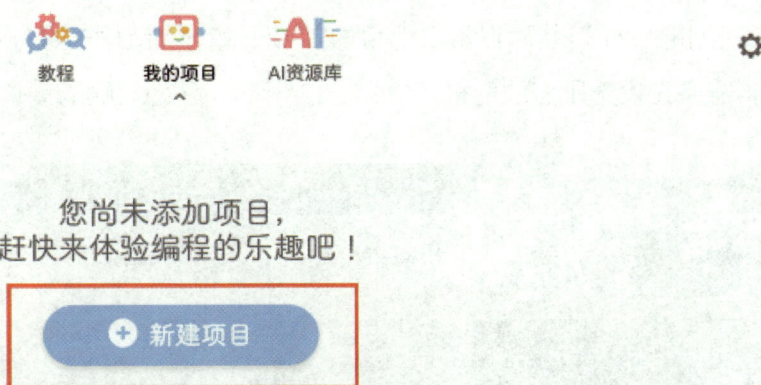

图 8.11　新建项目

图 8.12　连接机器人

第三步：搜索 uKit 主控并进行连接，如图 8.13 所示。第一次连接可能需要升级主控，按照提示操作即可。最后点击"确定"即可完成连接。

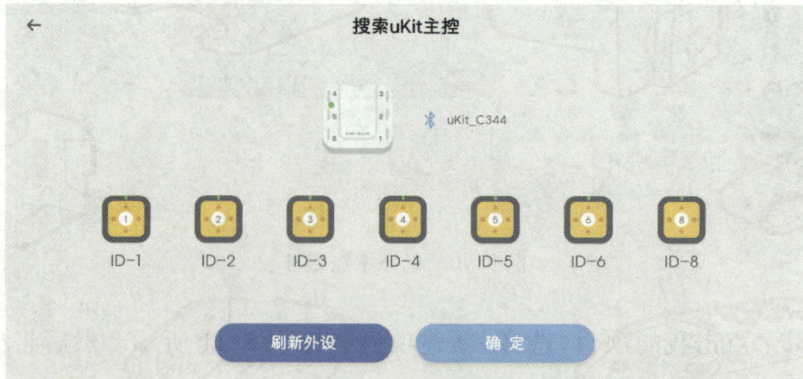

图 8.13　连接机器人

第四步：点击"动作"，然后点击右上角的加号开始添加动作，如图 8.14 所示。录制动作前，需要先挑选所需的舵机，如图 8.15 所示。注意，无需选中 8 和 13，因

图 8.14　开始编程

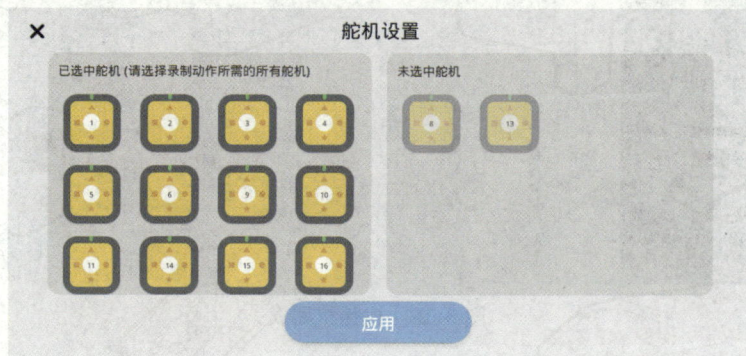

图 8.15　选择需要录制动作的舵机

为 8 号舵机和 13 号舵机均要采用轮模式,它们是用来驱动机器人车轮的,不用记录动作。

第五步:将机器人摆好动作后,点击"手动录制"下的按钮,如图 8.16 所示,可以记录当前动作。这里的"自动录制"适合录制多个连续的动作,多个动作间的录制时间间隔也可以设定,如图 8.17 所示。

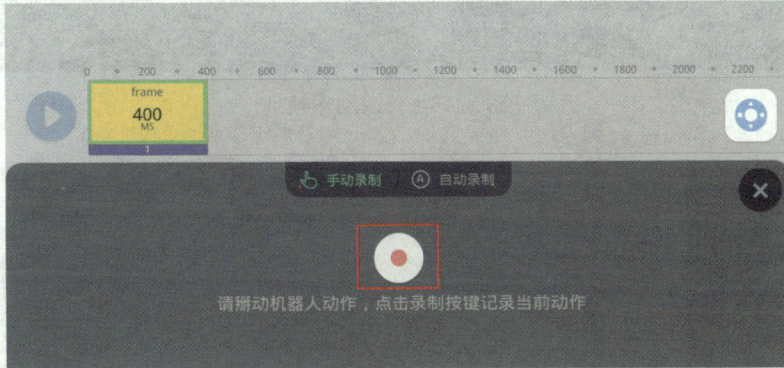

图 8.16　手动录制动作

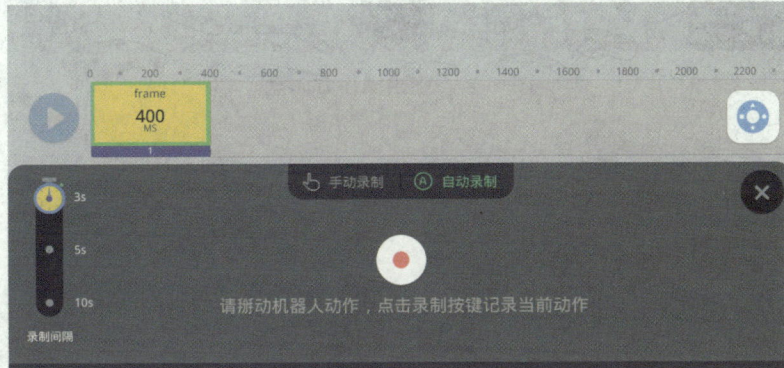

图 8.17　自动录制动作

第六步:如图 8.18 所示,录制动作后,还可以点进动作帧,修改该动作帧的名称、完成动作的时间以及进行复制粘贴等操作。除此之外,还可以调整动作中每个舵机的角度,并将其修改至想要的角度。

第七步:录制动作完成后,进入遥控界面,点击"摇杆",将操作方向盘拖至合适位置,并将其设置为二轮模式,如图 8.19 和图 8.20 所示。试试看吧,通过操控滑动预览区域的方向盘,观察机器人的两轮能否正确运转。

图 8.18　修改动作帧

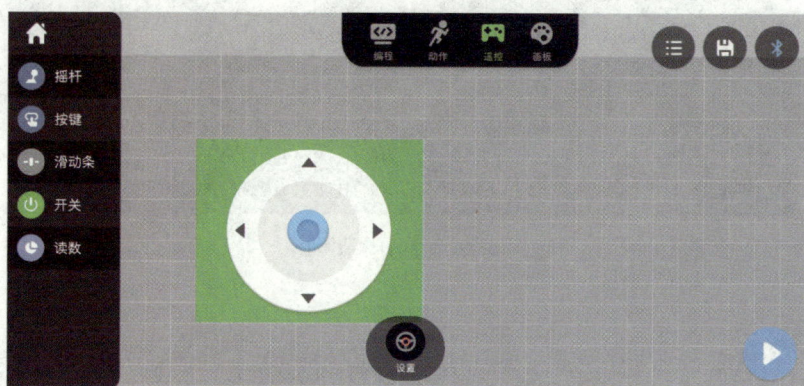

图 8.19　拖出操作方向盘

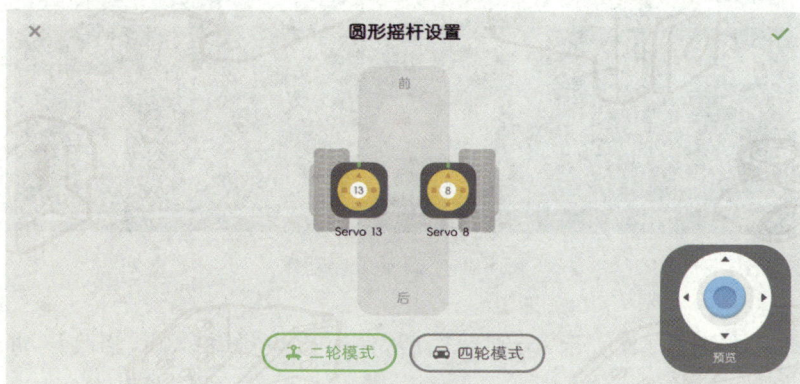

图 8.20　设置二轮模式

　　第八步：点击"按键"，拖出"自定义按键"至合适的位置，如图 8.21 所示。然后对其进行设置，如图 8.22 所示。可以选择动作、对其重命名、切换图标，等等。

图 8.21 设置自定义按键

图 8.22 选择动作

第九步：如图 8.23 所示，设置完毕后，就可以点击运行按钮，控制机器人做出各种动作了。最后，别忘了保存该项目，这样下次操控机器人的时候，就能直接打开保存好的项目了。如图 8.24 所示，还可以修改项目名称和为它添加照片。

图 8.23 运行按钮

图 8.24　保存项目

（2）编写程序

按照以下表格所示，完成机器人舵机的参数设置吧！

人形机器人初始值

舵机号	1	2	3	9	10	11	4	5	6	14	15	16
	90	−75	55	−5	−5	0	−90	75	−55	5	5	0

车形机器人初始值

舵机号	1	2	3	9	10	11	4	5	6	14	15	16
	0	90	−80	90	2	−90	0	−90	80	−90	2	90

人形机器人往前走步态

舵机号	1	2	3	9	10	11	4	5	6	14	15	16
	109	−60	50	−11	−10	35	−90	60	−50	11	8	5
	90	−60	50	−10	−18	0	−109	60	−50	−10	−15	0
	109	−60	50	−9	−5	0	−90	60	−50	11	10	−35
	90	−60	50	10	15	0	−109	60	−50	10	18	0

人形机器人变车形机器人值

舵机号	1	2	3	9	10	11	4	5	6	14	15	16
	90	−75	55	−5	−5	0	−90	75	55	5	5	0
	0	−90	0	−105	−60	0	0	90	0	105	60	0
	0	−90	0	−105	−20	0	0	90	0	105	20	0
	−20	−80	0	−30	75	0	20	80	0	30	−75	0
	0	90	−80	90	2	−90	0	−90	80	−90	2	90

车形机器人变人形机器人值

舵机号	1	2	3	9	10	11	4	5	6	14	15	16
	0	90	–80	90	2	–90	0	–90	80	–90	2	90
	0	0	0	9	100	0	0	0	0	–9	–100	0
	5	–95	0	–106	–30	0	–5	95	0	106	–30	0
	60	–70	0	–105	–68	0	–60	70	0	105	68	0
	90	–75	55	–5	–5	0	–90	75	55	5	5	0

四、不同"视"界

（一）知识拓展

不同行走方式的机器人

行走机器人是机器人学研究中的一个重要方向。行走机器人的研究要考虑众多因素，例如选择合适的移动方式，在轮式、履带式和腿式等多种方式中选择最合适的；考虑驱动器的控制，以使机器人达到预期的行为；考虑导航或路径规划等。因此，行走机器人是一个集多种功能于一体的综合系统。

1. 轮式行走

如图 8.25 所示，轮式行走机器人简单来说就是用轮子带动机器人进行各种动作或操作的机器人。它行动的稳定性主要取决于路况，比如路面是否平坦等。这类机器人具有以下优点：自重轻、承载大、机构简单；驱动和控制相对方便；行走速度快、工作效率高等。正是因为它有这些优点，因而被广泛应用。

2. 履带式行走

如图 8.26 所示履带式移动机器人移动方式和

图 8.25　轮式机器人

坦克很相似,履带支撑面上有履齿,不易打滑。它拥有一些独特的优点:能够很好地适应地面的变化;支撑面积大,因此地面面积相同时对地面的压力较小,适合在松软或泥泞场地作业,不容易下陷;越野机动性能好,在特殊情况下,可以实现原地转向。

图 8.26 履带式救援机器人

(二) 实践创新

机器人除了人形态和车形态互变以及走路等动作,你是否还可以给你的机器人设计更多有趣的动作呢?例如,让你的机器人和其他同学的机器人挥手打个招呼吧!

主题九

活动课——创造之手

通过亮度强弱就可以改变电机转动方向的智能窗帘、通过声音大小就可以控制电灯亮灭的声控开关、通过红外感应就可以控制出水的感应水龙头……它们的出现正在慢慢地改变着我们的生活方式。

一、活动目标

我们已经一起学习了舵机、亮度传感器、红外传感器、超声波传感器、触碰传感器、声音传感器、眼灯这些有趣的器件，还学习了一些程序设计。想一想，如何运用已经掌握的知识，来帮助人们解决生活中遇到的其他问题呢？

二、活动准备

在这个信息爆炸的时代，我们每天都可以看到各种各样的新闻，每当听到交通事故的伤亡时都会感到特别难过与惋惜。同学们，你们想不想帮助开车的司机叔叔们减少交通事故的发生呢？先来了解相关知识吧！

（一）什么是汽车盲区

所谓汽车盲区，就是驾驶员坐在驾驶座上，视线观察不到的地方。

在我们学习过的器材中，有没有一种即使遇到汽车盲区也能检测到前后左右情况的零件呢？

（二）超声波传感器

超声波测距原理：通过超声波发射器向某一方向发射超声波（超声波一般是指在 1 秒内变化 20 000 次以上、人耳听不见的声波），声波在空气中传播时碰到障碍物就立即反射回来，直到被声波接收器接收。从发射时刻开始计时，接收器收到反射波停止计时。通过测定波的往返时间，结合运动学计算即可测出离障碍物的距离。

图 9.1　超声波传感器

示例：如图 9.2 所示，蝙蝠在漆黑的夜里飞行从来都不会撞到物体，因为它能够发出和接收超声波，通过超声波测距原理感知黑夜中的障碍物离自己有多远，从而避免在飞行中被碰撞到，是不是很神奇呢？

你知道超声波这位无声的"功臣"在其他领域的应用吗?

图 9.2　黑夜中的蝙蝠

（三）超声波传感器在解决汽车盲区中的使用——倒车雷达

倒车雷达在倒车时,利用超声波原理,由安装在车尾保险杠上的探头发送超声波,如果碰到障碍物就会反射声波,根据超声波测距原理自动计算出车体与障碍物间的距离,并且及时提示司机,使得停车或倒车更容易和安全。

倒车雷达的出现在一定程度上有效降低了车祸的发生率。同样,在我们的生活中还有一些类似的问题存在,我们可不可以从倒车雷达上获取灵感,通过设计、制作装置来解决这些问题呢?

（四）传感器在解决生活中其他问题中的使用

以下为传感器在生活中的智能应用:

图 9.3　自动百叶扇:亮度改变扇叶方向

图 9.4　声控开关：声音控制开关

图 9.5　感应水龙头：红外线感应出水

如图 9.3、图 9.4 和图 9.5 所示的智能物品的"前身"是什么样子呢？

图 9.6　室内普通手拉百叶扇

图 9.7　手动电灯开关

图 9.8　手动水龙头

三、实践与活动

（一）现象聚焦

1. Lucy 经常会因为衣柜里光线昏暗，不能快速找到自己想要的衣服。你能不能帮助她解决这个问题呢？

2. 陈某经过某小区时，窜入许某所在的楼层，发现事主家的铁门没有锁牢，就拉开进去实施了盗窃。我们是否可以帮助警察制作一个防盗装置，在小偷入门时提醒主人呢？

（二）造物设计

1. 帮助 Lucy 在光线昏暗的衣柜里快速找到自己想要的衣服。

功能：你想做的模型应该有哪些功能？

选材：需要用到哪些传感器和执行器？

程序：程序如何设计？

设计：外形结构如何设计？

制作：动手搭建和编程

2. 帮助警察制作一个防盗装置，在小偷入门时提醒主人。

功能：该防盗装置应该有哪些功能？

选材：需要用到哪些传感器和执行器？

程序：程序如何设计？

设计：外形结构如何设计？

制作：动手搭建和编程

（三）动手实践

1. 活动形式

2 人一组。

2. 填写报告

与小组内成员讨论解决方案与设计思路，完成本节学生手册的报告填写。

3. 动手制作

完成模型搭建与程序设计。

4. 分享及评价

从模型设计的美观程度、是否有效解决问题等角度进行评价，授予"高手""能手"和"巧手"的称号。

主题十 警戒线

同学们，在出入小区时，你有没有注意过小区门卫处的起落杆呢？当外来车辆通过识别后，它就会自动升起横杆让车辆通过门禁进入小区；如果车辆没有通过识别，它就横在车前不让车辆通过，提醒门卫叔叔需要上前进一步查看。这样的门禁警戒系统是怎样设计的呢？让我们一起来了解吧！

一、奇妙世界

警戒线原本是指监狱、劳改队在犯人活动区域外围设置的标志，一般由警察利用便于辨识的物品组成。但随着科技的发展，警戒线逐渐变为智能设备，运用也更加广泛。

警戒线在生活中应用很广泛，有些警戒线可以通过红外传感器来感知物体的靠近，从而实现自动起落的功能。在我们的日常生活中，小区、办公楼或车库，我们都可以看到多种类型不同的警戒线，如图 10.1、图 10.2 和图 10.3 所示。

图 10.1　小区出入口起落杆

图 10.2　写字楼门禁

在了解警戒线和它的作用之后，一起来制作能够智能工作的警戒线吧！在制作之前，我们先来看看智能栏杆识别装置是怎样工作的？

图 10.3　车库出入口起落杆

二、优学U乐

完成车型的识别，不仅需要安装摄像机采集视频和图像信息，而且还需要安装红外测距传感器以便检测和定位车辆等。

智能栏杆识别装置的具体工作流程如下：

1. 由车道入口的红外传感器触发车辆检测；

2. 随后，由侧面的红外传感器进行车辆定位；

3. 由电脑系统对摄像机采集的视频和图像信息进行处理；

4. 由电脑系统对处理过的图片进行识别；

5. 电脑系统将识别信息与内置已有信息进行匹配，判定车型相关情况；

6. 电脑系统将信息发送给发卡系统主机。

三、造物工厂

同学们，你们的任务来喽！请根据你对以上内容的了解，设计搭建一个"警戒线"吧！（参照图 10.4 所示警戒线模型搭建）

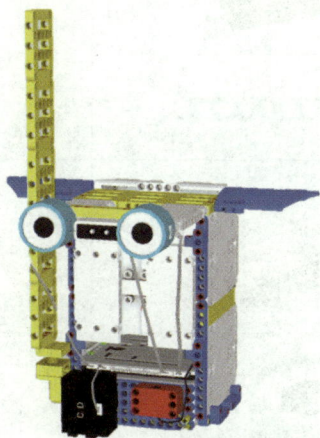

图 10.4　警戒线模型图

（一）物料吧

材料清单

序号	材料名称		数量
1		Explore 2.0 主板	1

序号	材料名称		数量
2		3×3带孔连接块	1
3		1×3双向梁	4
4		11孔梁	6
5		矩形框	8
6		13孔梁	12
7		弧形面板(大)	1
8		眼灯	2
9		9孔梁	4
10		开关连接线	1
11		矩形面板(白)	22

序号	材料名称		数量
12		右扇形面板(大)	1
13		绿色短销	12
14		红外传感器	1
15		160 mm 3 Pin 线材	3
16		120 mm 3 Pin 线材	1
17		电池	1
18		Explore 上盖板	1
19		Explore 下盖板	1

序号	材料名称		数量
20		黄色长销	6
21		红色销	121
22		转向块	1
23		开关	1
24		舵机	1
25		左扇形面板(大)	1
25		2×4直角梁	4

（二）搭建吧

"警戒线"由红外传感器、眼灯、舵机、Explore 2.0 主板、开关和若干零件组成。红外传感器用来检测是否有物体靠近,通过舵机的旋转来控制起落杆的升降,模型如图 10.5 所示。

详细步骤请参考 uCode 软件中：3D 实验室→AI 上

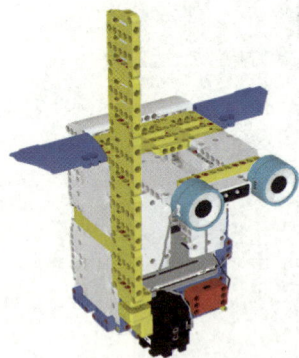

图 10.5　"警戒线"结构图

变形工坊→警戒线。

1. 搭建底座

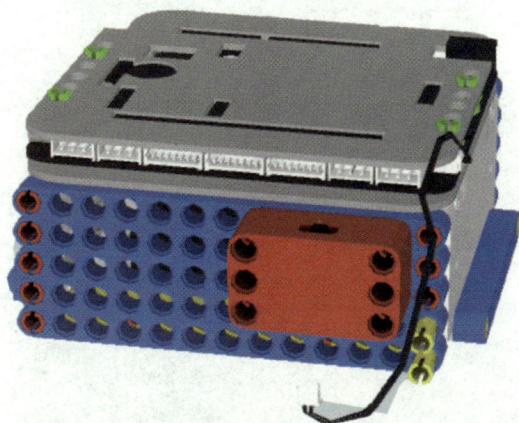

图 10.6　"警戒线"底座

2. 搭建左右侧板

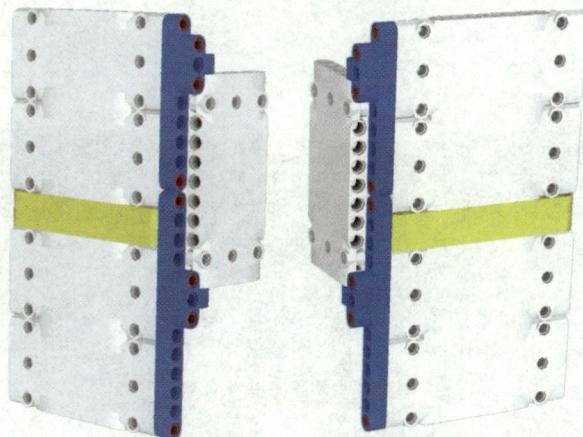

图 10.7　"警戒线"左右侧板

3. 搭建背板

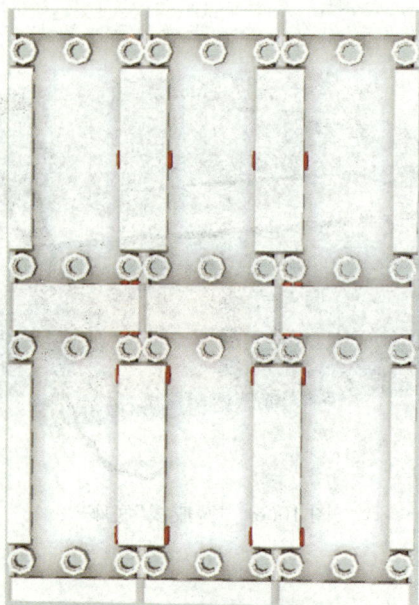

图 10.8 "警戒线"背板

4. 搭建盖板

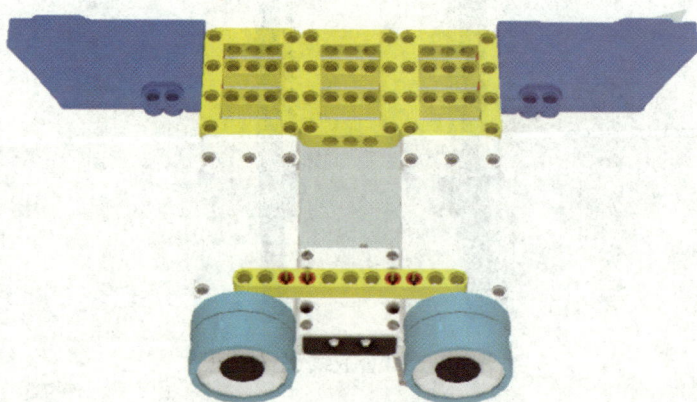

图 10.9 "警戒线"盖板

5. 搭建前部

图 10.10 "警戒线"前部

6. 组装在一起

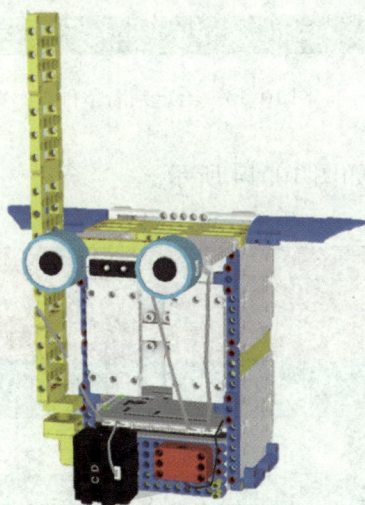

图 10.11 "警戒线"完成图

(三) 编程吧

1. 任务

想一想：如何让"警戒线"实现红外传感器检测到物体时做起落杆抬起动作？

2. 程序设计

"警戒线"在待机情况下，起落杆将始终保持在落下状态。当红外传感器检测到物品时，眼灯亮起的同时起落杆抬起，随后，物品通过"警戒线"进入区域，一段时间后起落杆落下。请参考以下逻辑来完成程序设计吧！

（1）起落杆落下，如图 10.12 所示。

图 10.12　舵机角模式代码块

（2）给定判断的条件，如图 10.13 所示。

图 10.13　给定判断条件

（3）给出执行的动作，如图 10.14 所示。

图 10.14　执行动作

（4）完整程序参考展示，如图 10.15 所示。

图 10.15　完整程序

四、不同"视"界

（一）知识拓展

心中的"警戒线"

生活就像海洋，只有意志坚强的人，才能到达彼岸。——马克思

生活中的警戒线保卫人们的安全，心中的"警戒线"守护着社会的和谐。

1. 健康上网，抵制诱惑

网络为我们提供了求知和学习的广阔空间，为我们获取各种信息提供了新的渠道，让我们不断提高自身技能……网络在给我们带来便利的同时，也可能在我们沉迷其中时，影响我们的学习、健康，甚至诱发犯罪。因此我们需要：

（1）安排合理的上网时间；

（2）浏览合适的上网内容；

（3）抵制沉迷网络聊天和网络游戏。

2. 远离违法行为

聚众斗殴、酗酒、吸毒、传播邪教等是违法行为，我们一定要做到：

（1）不聚众斗殴、寻衅滋事、煽动闹事；

（2）不破坏和妨碍正常的教学、工作、劳动等社会秩序；

（3）不接触、尝试、传播毒品；

（4）不接触、信任、传播任何邪教信息。

同学们，要时刻坚守我们心中的"警戒线"，坚决抵制诱惑！

（二）实践创新

我们已经学习了如何运用红外传感器制作一个智能门禁起落杆，你能否试着制作一个地铁站闸机呢？它们有什么相似点和不同点？

我们的"变形金刚"有两种形态：人形态和车形态，在不同的场合下，它可以为了完成不同的任务转变形态。我们的生活中是否有类似的高科技呢？

一、奇妙世界

科幻电影里的变形金刚灵活多变，可以随意转变自己的形态，需要快速移动时就变成汽车和飞机等，需要做出复杂动作时就变成人形态。

现实生活里有汽车人吗？

根据相关报道，日本机器人开发企业推出了一个名为"King J-DEITE"的机器人开发计划。在汽车形态下，"King J-DEITE"和普通的汽车具有一样的装备和功能，是一台结结实实能开的车；当它变身为机器人时，大概有 3.6 米高，机身的手脚上也能看到可动关节，外形酷似人类。"King J-DEITE"在人形模式下依旧能够实现最高每小时 30 千米的运动速度。

还有没有更炫酷的科技，可以随时在需要的时候变成想要的形态呢？

瑞士林斯比得公司于 2004 年 3 月就已经在日内瓦车展上展出了世界上首辆既可在陆地上行驶又可在水面浮游，甚至还能高出水面飞行的水陆两栖车 Rinspeed Splash，如图 11.1 所示。这样可以灵活"变形"的车辆足以帮助驾驶者应对不同的行驶环境。

　　这节课我们也需要让我们的机器人掌握"变形"技能以应对挑战，完成穿越警戒线的任务。

图 11.1　水陆两栖车

二、优学 U 乐

机器人基础动作详解：

（一）机器人后退动作分解

图 11.2　机器人右腿向后弯曲

图 11.3　机器人右脚向后落下

图 11.4　机器人左脚向后弯曲　　图 11.5　机器人左脚向后落下

（二）机器人左转动作分解

图 11.6　机器人右脚大踏步向前　　图 11.7　机器人左脚前进

（三）机器人右转动作分解

图 11.8　机器人左脚大踏步向前　　图 11.9　机器人右脚前进

（一）物料吧

机器人一台；警戒线模型一台。

（二）编程吧

1. 任务

机器人以车形态行驶至警戒线处时变形为人形态，被警戒线上的红外传感器检测到以后，起落杆抬升，机器人变形回车形态然后迅速通过警戒线。

2. 程序设计

难点动作分解：

（1）人形态变车形态，如图 11.10、图 11.11、图 11.12 和图 11.13 所示。

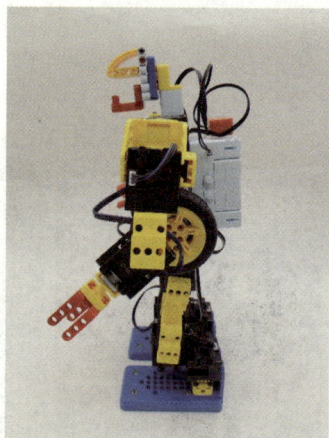

图 11.10　机器人人形站立

图 11.11　机器人下蹲，重心下移

图 11.12　机器人双手撑地　　　　图 11.13　机器人车形态变形

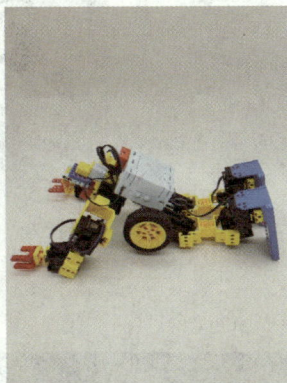

（2）车形态变人形态，如图 11.14、图 11.15、图 11.16、图 11.17、图 11.18、图 11.19 和图 11.20 所示。

图 11.14　机器人车形态　　　　图 11.15　机器人双手撑地

图 11.16　机器人双手伸直　　　　图 11.17　机器人双腿伸直

图 11.18　机器人双腿撑起　　图 11.19　机器人半蹲，保持重心

图 11.20　机器人直立站起

四、不同"视"界

（一）知识拓展

自然界的"变形金刚"

你知道吗？大自然里存在着一些天然的"变形金刚"，它们可以在适当的时候变换形态，以适应自然界的各种危机，一起来了解下吧。

1. 刺豚

如图 11.21 中的刺豚眼睛稍微凸出，全身长满硬刺，看上去似乎和其他鱼类没什么不同。

图 11.21　刺豚

但是这种鱼的身体构造很特殊。在它肠子的下方,有一个向后扩大成带状的气囊,刺豚一旦遇到敌害,就会立即张开嘴吸入大量海水,或者冲向水面张嘴吸入空气,使气囊中充满液体或气体,胸腹部膨大成球状,身上的硬刺也竖起来,整个身体成"刺猬"状,如图 11.22 所示。再凶猛的鲨鱼也无从下口,这使它能够尽快逃离敌害。

图 11.22　刺豚"变身"

等危险过后,刺豚就把吸进去的海水或空气再吐出来,身体又恢复原状。但如果不能在短时间内将体内的液体或气体排出,它也会因身体过度膨胀而死亡。

2. 拟态章鱼

章鱼生活的海域相对平坦和开阔,所以几乎时刻暴露在捕食者的视线之下。它们没有坚硬的甲壳、突出的棘刺,也没有明显的毒性,但它们演化出了独特的求生本领——拟态。

拟态章鱼能通过复杂的肌肉网络,让自己"变色",短时间内就能让自己融进背景；它们还可以通过特定部位肌肉的收缩和舒张，改变体表的构造和质地，使自己和被模仿的物体更加一致，进而从捕食者的眼前"凭空消失"，如图 11.23 所示。

图 11.23　海中"变色"

除了这些常规的防御技能，拟态章鱼还有一项"独门绝技"，它们能从身体形态和行为特征上去模仿另一种生物。不仅能静态模仿，它们还能模拟其他生物的动态行为。拟态章鱼模仿的对象通常都是有毒的，例如海蛇、海葵、比目鱼和水母等，如图 11.24 所示。对于躲避捕食者，这显然是精明的选择。

图 11.24　"模仿"

（二）实践创新

请和一位同学组成一个行动小组，邀请你的小组成员做一组动作，让你的机器人来模仿这位同学的动作吧！

活动课——小小调研专家

主题十二

同学们，你们还记得第一次听说机器人是在什么时候吗？你们对机器人了解多少呢？这节课你将化身为小小调研专家，对机器人一探到底哦！

一、活动目标

（一）活动目的

1. 知道机器人在人类生活中的重要作用；

2. 了解机器人技术的发展趋势以及人类大力发展机器人技术的目的。

（二）实施过程

根据问题展开调查（以教材为主，可以借鉴课外书籍或网络资料）并做好记录，完成活动报告。

（三）调查问题

通过查阅资料的方式，了解机器人的应用和发展史。

　　"机器人"一词的出现和世界上第一台机器人的问世都是近几十年的事。长期以来,人们就一直想象着制造出一种超脱于人的、独立行动的机器,来帮助人类开创美好的生活。

　　在大多数人的认知中,机器人的历史似乎是从 20 世纪才开始的,但实际上古人早就通过各种各样的方法尝试制作机器人。古代机器人是古代社会的科学家、发明家研制出的自动机械物体,是现代机器人的鼻祖。

　　1 700 多年前,三国时蜀汉丞相诸葛亮发明了木牛流马,如图 12.1 所示。《三国志·诸葛亮传》记载:"亮性长于巧思,损益连弩,木牛流马,皆出其意。"(句意:诸葛亮生性擅长灵活的思考,开发完善连弩、木牛和流马,都是来源于他的想法。)

图 12.1　木牛流马复原图

　　《三国志·后主传》记载:"建兴九年,亮复出祁山,以木牛运,粮尽退军;十二年春,亮悉大众由斜谷出,以流马运,据武功五丈原,与司马宣王对于渭南。"(句意:建兴九年,诸葛亮再出祁山,用木牛运输粮草,粮尽退兵;建兴十二年春天,诸葛亮统率全部大军,由斜谷开出,用流马运输粮草,占据武功县五丈原,与司马宣王在渭水之南对垒。)

　　中国汉末魏晋时期出现了记里鼓车。记里鼓车分上下两层,上层设一钟,下层设一鼓。记里鼓车上有小木人，头戴峨冠，身穿锦袍，高坐在车上。车走 10 里（1 里 ＝ 500 米），小木人击鼓 1 次，当击鼓 10 次，就击钟 1 次。

图 12.2　记里鼓车

相传 16 世纪初，法国国王弗朗索瓦一世任命列昂纳多·达·芬奇造一个机器人。这位文艺复兴时期多才多艺的大师发明了一只具有行走能力的机械狮子。一定条件下，狮子的胸部会自动打开，露出一朵鸢尾花向法国王室表达敬意。

目前的机器人研究已经经历了三个阶段的发展历程：

程序控制机器人（第一代）：第一代机器人是程序控制机器人，如图 12.3 所示，它完全按照事先装入到机器人存储器中的程序安排的步骤进行工作。程序的生成及装入有两种方式，一种是由人根据工作流程编制程序并将它输入到机器人的存储器中；另一种是"示教—再现"方式，所谓"示教"是指在机器人第一次执行任务之前，由人引导机器人去执行操作，即教机器人去做应做的工作，机器人将其所有动作一步步地记录下来，并将每一步表示为一条指令，示教结束后机器人通过执行这些指令以同样的方式和步骤完成同样的工作即再现。如果任务或环境发生了变化，则要重新进行程序设计。这一代机器人能成功地模拟人的运动功能，它们会拿取和安放、会拆卸和安装、会翻转和抖动，能尽心尽职地看管机床、熔炉、焊机、生产线等，能有效地从事安装、搬运、包装、机械加工等工作。目前国际上商品化、实用化的机器人大都属于这一类。这一代机器人的最大缺点是它只能刻板地完成程序规定的动作，不能适应有变化的情况，一旦环境情况略有变化（如装配线上的物品略有倾斜），就会出现问题。更糟糕的是它可能会对现场的人员造成危害，由于它没有感觉功能，有时会出现机器人伤人的情况。

图 12.3　第一代机器人

　　自适应机器人(第二代):第二代机器人的主要标志是自身配备有相应的感觉传感器,如视觉传感器、触觉传感器、听觉传感器等,并用计算机对其进行控制。这种机器人通过传感器获取作业环境、操作对象的简单信息,然后由计算机对获得的信息进行分析、处理,控制机器人的动作。由于它能随着环境的变化而改变自己的行为,故称为自适应机器人。目前,这一代机器人也已进入商品化阶段,主要从事焊接、装配、搬运等工作。第二代机器人虽然具有一些初级的智能,但还未达到完全"自治"的程度,有时也称这类机器人为人眼协调型机器人。

　　智能机器人(第三代):这是指具有类似于人的智能的机器人,即它具有感知环境的能力,配备有视觉、听觉、触觉、嗅觉等感觉"器官",能从外部环境中获取有关信息,具有思维能力,能对感知到的信息进行处理,以控制自己的行为,具有作用于环境的行为能力,能通过传动机构使自己的"手""脚"等肢体行动起来,正确、灵巧地执行思维机构下达的命令。

　　未来机器人发展的五大趋势:

1. 语言交流功能越来越完美

　　目前的机器人语音交互能力还远远达不到和人类自由交流的程度,不过随着未来智能语音技术的不断进步,这个功能会越来越接近完美。而能够与人无障碍交流,也是未来机器人发展技术的必然趋势,如图 12.4 所示。

图 12.4　机器人互相对话

2. 各种动作的完美化

目前的机器人例如机器狗、人形机器人已经可以按照程序设定做出一些特定的动作，如图 12.5 所示，而且传感技术也足以支撑任何一款机器人自由行走而不会失去平衡。随着各种传感技术的进步和处理器能力的提升，未来机器人的动作会变得越发灵活。

图 12.5　机器人弹钢琴

3. 外形越来越酷似人类

机器人的最终形态也许会越来越接近人类形态，包括表情、动作和外形以及皮肤质感等。就如同科幻电影里的机器人一样，这一趋势的发展速度取决于生物技术的发展，如图 12.6 所示。

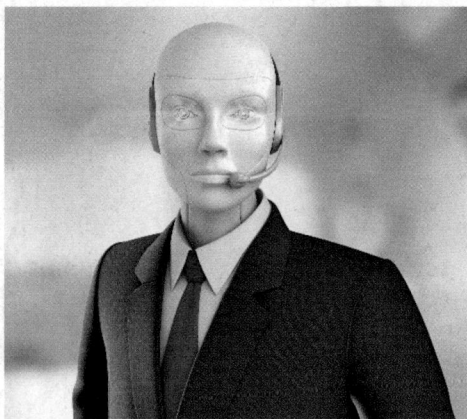

图 12.6 未来人形机器人

4. 复原功能越来越强大

具有自我修复能力的前提是具有自我判断能力,如图 12.7 所示。虽然这个能力看似有一些遥远,不过通过一些复杂的特定程序,相信实现它将指日可待。

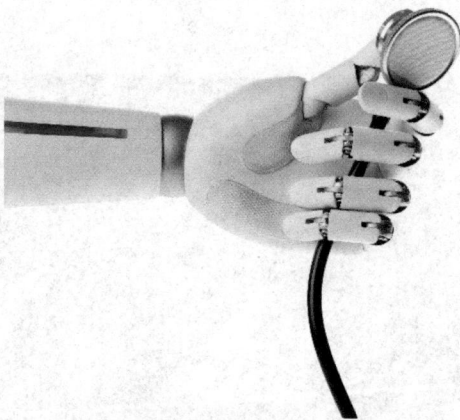

图 12.7 机器人自我检查

5. 逻辑分析能力越来越强

虽然计算机的处理能力是人脑的无数倍,但是单纯的处理并不能解决目前机器人的一些困境。想要让机器人具备人类大脑的一些情感区分,就必须要有很强的逻辑分析能力。这也是机器人"大脑"类人化的第一步和最重要的一步,如图 12.8 所示。

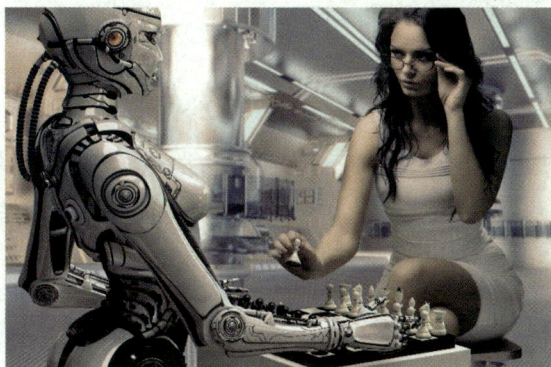

图 12.8　与机器人下棋

三、实践与活动

以下活动总结表格仅供参考。

课题题目		小小调研家	
班级	××××	小组	××××
活动成员	××××	记录人	×××
时间	××××	地点	教室
活动记录	活动主题	机器人的发展趋势	
	活动目的	了解机器人的发展趋势	
	活动形式	小组讨论	
	组员分工	课堂分配	
	过程简要说明	1. 针对机器人发展趋势这个大主题，你们小组具体选择从哪个出发点去进行讲解？ 2. 你们小组分工是怎样的，你分配到的任务是什么？ 3. 你们小组让谁采用什么汇报形式进行汇报，为什么？ 4. 在其他小组汇报的过程中，你觉得哪些说的比较好，对你有所帮助？	
	记录	总结并记录其他小组的发言	

你有什么更好的总结方式吗？

在战争年代,因为价格低廉、杀伤性强,地雷曾是战争中非常有效的防御武器。地雷从何而来?引爆地雷的条件是什么?我们一起来了解下吧!

一、奇妙世界

地雷是一种埋入地下或布设于地面的爆炸性火器,最早的地雷发源于中国宋朝,在山西朔州马邑博物馆里,珍藏了金军制造的"瓷地雷"(以瓷制作,内装火药,竹管能引爆)。19世纪中期以后,各种烈性炸药和引爆技术的出现,使地雷向规模化和多样化发展,现代地雷诞生了,如图 13.1 所示。

图 13.1　地雷

通过对地雷知识的了解,你了解地雷的相关特性了吗?在我们所学习的范围内,有没有什么传感器可以用来模仿制作一个"地雷"呢?

地雷可以广泛布置在很大的范围内，以高风险性和不可预测性来有效阻止敌人前进。然而随着战争的结束，诸多未被引爆的地雷仍然埋在地下，可能会给附近居民出行带来很大的安全隐患，如图 13.2 所示，所以各国都在努力研究地雷的定位与排雷技术，以便尽快清除地雷，如图 13.3 所示。由于排雷工作的危险性，科学家研制了专门用来扫除地雷的排爆机器人，如图 13.4 所示。

图 13.2　地雷爆炸

图 13.3　金属探测器排雷

图 13.4　排爆机器人

二、优学 U 乐

（一）音效代码块

设置地雷发出的声音和发声的时间：可通过点击下拉菜单键选择不同的音调，

持续时间可直接输入数值，如图 13.5 所示。（提示：1 秒 = 1 000 毫秒）

图 13.5　音效代码块

（二）亮灯代码块

利用制作灯光特效模拟地雷爆炸的火光。灯光效果有四种，通过点击下拉菜单进行选择，如图 13.6 所示（特别强调：在设置灯光效果时，要注意眼灯的 ID，根据这一标识才能正确选择眼灯）。闪烁的次数可直接输入数值进行设置。

图 13.6　灯光效果设置

三、造物工厂

学习了程序模块基础和地雷特性，让我们一起来搭建一个"地雷"吧！（可参照图 13.7 所示"地雷"模型搭建）

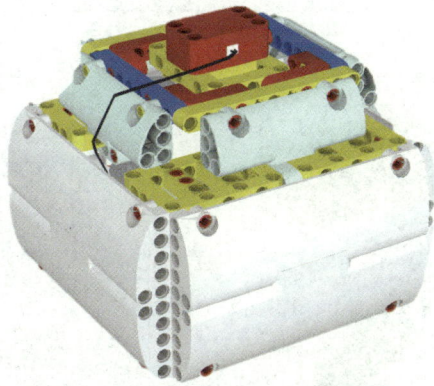

图 13.7 "地雷"模型图

（一）物料吧

材料清单

序号	材料名称		数量
1		Explore 2.0 主板	1
2		触碰传感器	1
3		弧形面板(小)	4
4		2×2 双向梁	2
5		11孔梁	8

序号	材料名称		数量
6		矩形框	12
7		绿色短销	12
8		弧形面板(大)	8
9		眼灯	1
10		9孔梁	2
11		2×3双向直角梁	4
12		亮度传感器	1
13		开关连接线	1
14		120 mm 3 Pin 线材	3

序号	材料名称		数量
15		Explore 电池	1
16		Explore 上盖板	1
17		Explore 下盖板	1
18		黄色长销	22
19		红色销	77
20		3×3垫片	1
21		5孔梁	2
22		15孔梁	1
23		开关	1

（二）搭建吧

"地雷"由上下两层组成，上层由亮度传感器、触碰传感器和若干零件组成，用于感知外界光线；下层由眼灯、Explore 2.0 主板、开关和若干零件组成，用来放置模拟爆炸装置，如图 13.8 所示。

详细步骤请参考 uCode 软件中：3D 实验室→AI 上变形工坊→危险的"地雷"。

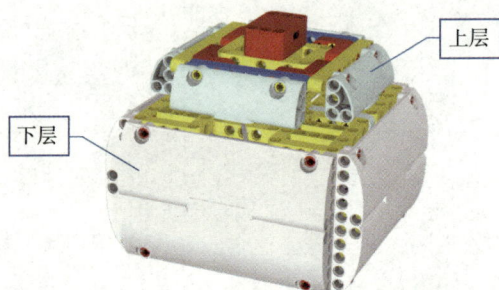

图 13.8 "地雷"结构图

1. 搭建下层

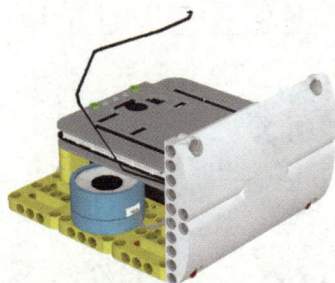

图 13.9 "地雷"下层结构

2. 搭建上层

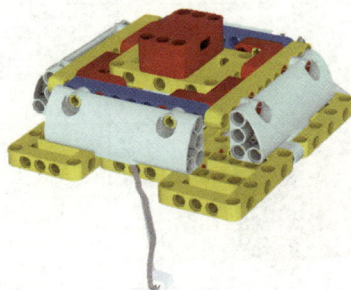

图 13.10 "地雷"上层结构

3. 整体组装

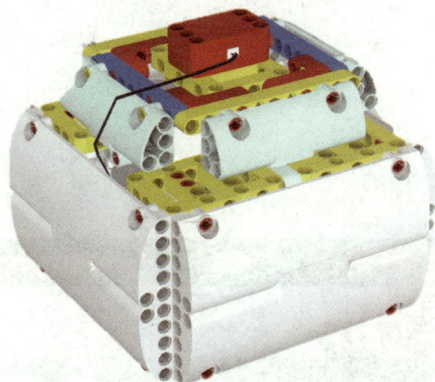

图 13.11 "地雷"完成图

（三）编程吧

1. 任务

想一想：如何让"地雷"模拟"爆炸"的效果呢？

2. 程序设计

功能：如果光线变暗，按下开关后，眼灯变亮，蜂鸣器响起，以此来模拟爆炸场景，那么相应的程序应该如何设计呢？

（1）设置条件，如图 13.12 所示。

图 13.12 条件程序

（2）眼灯亮灯，如图 13.13 所示。

图 13.13 "眼灯"亮灯完成图

（3）设置蜂鸣器，如图 13.14 所示。

图 13.14　蜂鸣器完成图

（4）组合判断，如图 13.15 所示。

图 13.15　"地雷"完整程序

四、不同"视"界

（一）知识拓展

了解地雷危害，维护世界和平

战争中遗留的地雷对环境具有破坏性的影响，时至今日，成百万、上千万颗地雷仍深埋在地下，每年全球都有很多人因这些地雷而伤残或失去生命，野生动物也受到地雷的威胁，已经发现有大象被杀伤性地雷炸死。布设在田间的地雷还会使田地无法耕种，使得粮食的产量降低。甚至学校、工厂、铁路和机场都曾被地雷炸毁。

目前全世界约有 30 万～40 万地雷生还者。虽然地雷伤亡者的确切数据几乎不可能取得，但是相关机构预估每年全世界都会新增 15 000 至 20 000 名地雷伤亡者！2005 年，有记录的新增地雷伤亡人数为 7 328 人，与 2004 年相比，增加了 11%。这些地雷伤亡发生在 58 个不同的国家。地雷危害确实影响很大，所以国际社会对禁止滥用地雷的呼声日益高涨。

（二）实践创新

      如果要制作一个在采石场中使用的地雷，使它能识别周围环境，只有在周围全是石块的情况下才引爆，而不伤及人类和动物，动脑筋想一想，可以借助什么样的传感器达成这个目标？谈一谈你的想法。

假如我们发现了一颗地雷，不知道什么时候会爆炸，十分危险！如果人工拆除地雷，那么发生伤亡的可能性太高，这可怎么办呢？

不要着急！这么危险的操作任务，现在也有相关的机器人来帮助人类完成，以免造成人员伤亡。在所有机器人应用中，拆除炸弹是最危险的一项工作，因为机器人所走出的每一步，都潜伏着"死亡"的危险。

一、奇妙世界

现实世界中，应用在军事领域的"拆弹英雄"都是什么样子的？一起来了解下。

早期的拆弹机器人操作十分复杂，必须经过专业的培训才能进行操作，但是随着技术进步，现在的拆弹机器人控制简单了很多，可以更加方便地应用，如图 14.1、图 14.2 和图 14.3 所示。

图 14.1　处理炸弹

图 14.2　拆弹机器人在草地上

图 14.3　拆弹机器人的操控器

看到这里，你是不是也心动了呢？这节课我们就尝试操控机器人来执行拆除地雷的任务吧！机器人排雷的方式应当如何设计呢？

现在最新的拆弹机器人又是怎么被操控的呢？

ME-1机器人是世界上最先进的机器人之一，使用者穿上感应控制器，通过人体动作控制，就可以操纵机器人执行相关动作与任务了。ME-1机器人将使用者的每个动作都模仿得惟妙惟肖、准确无误，神奇极了！

二、优学U乐

地雷的触发条件有两个：外界环境光线昏暗和触碰传感器被按下，这两个条件要同时满足才会触发地雷爆炸，因此可以从这两点考虑设计机器人的排雷方案。

第一种方案：让机器人用手去按压地雷并遮挡环境光线。在尝试的过程中你会发现，机器人的小手比较难按到触碰传感器，所以需要先对准触碰传感器，再利用遥控器单独调整一个或多个舵机的角度值控制手臂准确按压。但是这种情况下亮度传感器可能无法被很好地遮挡住，无法满足条件；如若改造机器人手臂、换个更大的零件作为新手臂进行按压，又可能会影响到机器人的变形和行进。因此，第一种排雷方案的成功率比较低。

第二种方案：利用机器人的身躯按压地雷并遮挡环境光线。如图 14.4 和如图 14.5 所示，机器人的身躯比较高大，既能保证遮挡亮光又能保证按压的面积，动作设计也不那么复杂，控制好机器人和地雷的距离即可。因此，第二种方案是排雷方式的首选。

图 14.4　机器人手部按下按压传感器　　图 14.5　机器人身躯碰撞按压传感器

想一想：你还可以设计出其他不同的方案吗？开动脑筋，认真思考吧！

三、造物工厂

（一）物料吧

机器人一台；地雷模型一台。

（二）编程吧

1. 任务

完成机器人引爆地雷的动作：走到地雷旁，遮住亮度传感器的同时按下触碰传感器。

2. 程序设计

一起来看看拆雷动作详解吧!

图 14.6　机器人人形态

图 14.7　机器人半蹲,重心下移

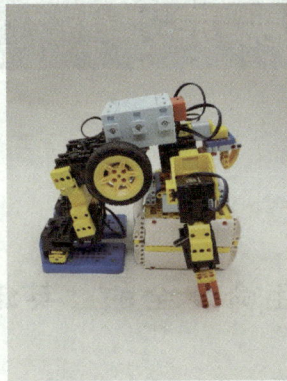

图 14.8　机器人双手撑地,
身躯保持在地雷上方

图 14.9　机器人双手离开地
面,身躯压下,触发地雷

图 14.10　机器人双手再次撑地

图 14.11　机器人双手抬起,
呈下蹲状态,重心慢慢上移

图 14.12　机器人变回人形态

四、不同"视"界

（一）知识拓展

拆弹机器人：保护人类生命安全的"英雄"

拆弹机器人的主要工作目标是要使军用爆炸物失效，这些拆弹机器人扮演的是人类拆弹专家"遥控器"的角色。有了拆弹机器人，人类拆弹专家既可以近距离检测炸弹，又不会让自己或其他同事置身于危险环境之中。一旦炸弹被测出，机器人就会按照设定程序执行操作，使其失效。

现代拆弹操作的关键要点已经不再是引爆爆炸物，而是要使之失效。为了达到这一目标，拆弹机器人通常会向引爆设备的电线上喷射高压水流，通过破坏引爆电路的方式，让其失效。不过，有些爆炸设备还会部署二级系统，一旦爆炸设备监测到自己的电路被篡改，它们同样会引爆炸弹，非常的危险。所以，这也是为什么最好能使用机器人来辅助拆弹的原因。有了机器人的帮助，拆弹人员的生命安全得到了更大的保障。

随着远程控制系统的进步，拆弹机器人适应环境的能力也不断加强，有些拆弹机器人甚至可以翻墙，或是远距离跳跃。如今，拆弹机器人已经不再是"一个人在战斗"了，它们也有了自己的团队，可以集体协作完成拆弹任务：一个机器人负责搜索爆炸物，另一个机器人负责拆弹，如图 14.13 所示。拆弹机器人为人类社会的和平和安全作出了卓越的贡献，是真正意义上的"英雄"！

图 14.13　拆弹机器人完成炸弹拆除工作

（二）实践创新

和你的小伙伴们一起设计一片"雷区"，比一比，看谁的机器人能够更快、更准地排除地雷吧！

钢铁堡垒

主题十五

生活在和平时代的我们是多么的幸福,但与此同时热爱国家、保卫家园也是我们每个人都应当有的责任。同学们,你对国防知识了解多少呢?

一、奇妙世界

国防是国家为防备和抵抗侵略,保卫国家的主权统一、领土完整和国家安全所进行的军事活动。从古至今,不同时期有各种不同的防御方式,一起来了解下吧!

函谷关即后来的潼关,在现在陕西潼关附近,历经多次营建。因为地势险要,易守难攻,所以战国时楚、赵、韩、魏、燕合五国之力伐秦,都很难攻克函谷关,如图 15.1 所示。

图 15.1 函谷关

今天,我们也来尝试搭建一个具有防御能力的装备——"钢铁堡垒",你准备好了吗?

导弹防御系统是现代军事中很重要的国防建设内容,当一国受到另一国的导弹威胁时,受威胁国常通过启用导弹防御系统来发射导弹进行导弹拦截,通过直接命中或用多弹头爆炸碎片的方式命中目标,从而达到摧毁导弹或使导弹失去攻击能力的目的。

从古代的防御工程到现代的导弹防御系统,都充分体现了人类的智慧。

二、优学 U 乐

(一)舵机角度的读取

在转动舵机的同时,舵机的角度也在不断发生变化,我们如何才能知道舵机此时角度的准确数值呢? 如图 15.2 所示,将该程序代码块上传后,打开串口监视器,就能读取舵机的实时角度值。

Serial ▼ 打印 (自动换行) ▼ 读取舵机 ID- 01 ▼ 在状态为 可拨动 ▼ 时的角度

图 15.2 读取数值代码块

(二)舵机同时运行

当对动作的精度有较高要求时,我们需要让多个舵机同时运作。这里需注意多个舵机一起拼接时的顺序。如图 15.3 所示,要求最后一个舵机的代码块为"舵机运转……直到结束"代码块,其余均选择不含"直到结束"的代码块。

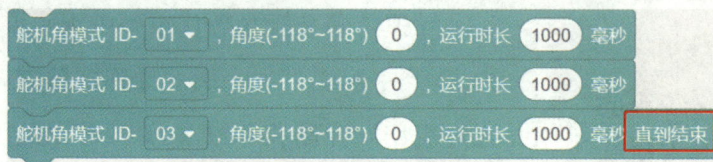

图 15.3　舵机模式

（三）初始化代码块

初始化代码块，主要用于程序运行前的准备工作，可以放置一些默认设置。它在程序开始时就会运行且只运行一次。

图 15.4　初始化代码块

三、造物工厂

让我们一起来搭建一个"钢铁堡垒"吧！（参考图 15.5 所示"钢铁堡垒"模型搭建）

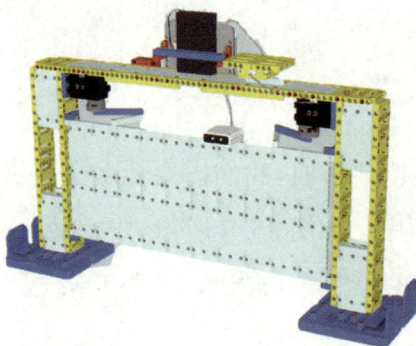

图 15.5　"钢铁堡垒"模型图

（一）物料吧

材料清单

序号	材料名称		数量
1		Explore 2.0 主板	1
2		触碰传感器	1
3		矩形面板（白）	32
4		2×2双向梁	4
5		15孔梁	8
6		矩形框	24
7		13孔梁	6
8		2×4直角梁	4
9		L型基座(蓝)	4

序号	材料名称	数量
10	9孔梁	6
11	2×3双向直角梁	2
12	驱动连接块	2
13	红外传感器	1
14	160 mm 3 Pin 线材	2
15	120 mm 3 Pin 线材	2
16	电池	1
17	Explore 上盖板	1
18	Explore 下盖板	1

序号		材料名称	数量
19		绿色短销	2
20		红色销	294
21		5×5带孔连接块	2
22		7孔梁(蓝)	3
23		11孔梁	6
24		舵机	2
25		5孔梁	6
26		黄色长销	10
27		开关	1
28	W4 x 1 (BLK)	开关连接线	1

（二）搭建吧

"钢铁堡垒"由红外传感器、触碰传感器和若干零件组成，如图 15.6 所示。

详细步骤请参考 uCode 软件中：3D 实验室→AI 上变形工坊→钢铁堡垒。

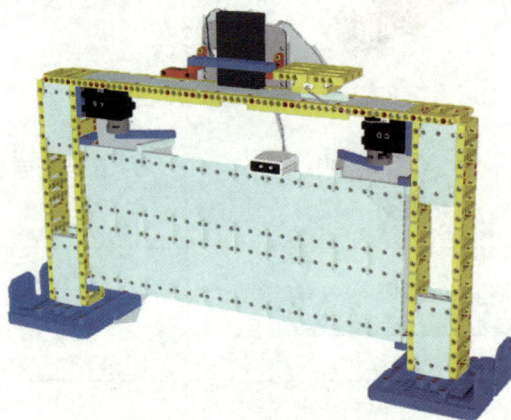

图 15.6 "钢铁堡垒"模型图

1. 搭建左侧门

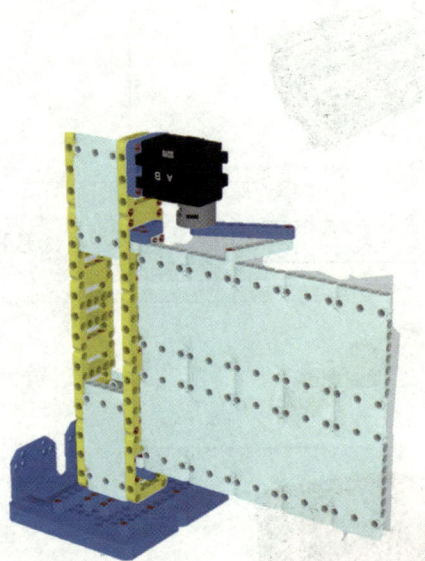

图 15.7 "钢铁堡垒"左侧门结构图

2. 搭建右侧门

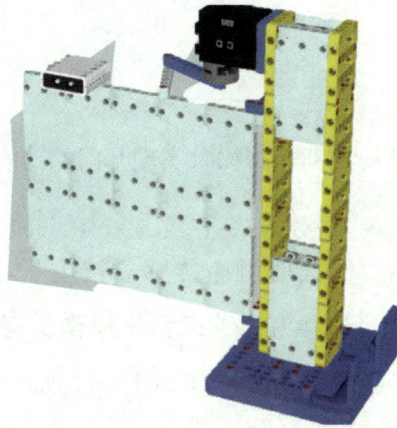

图 15.8　"钢铁堡垒"右侧门结构图

3. 搭建横梁

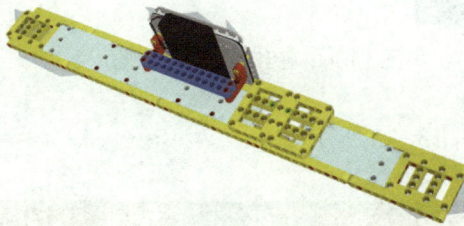

图 15.9　"钢铁堡垒"横梁结构图

4. 整体组装

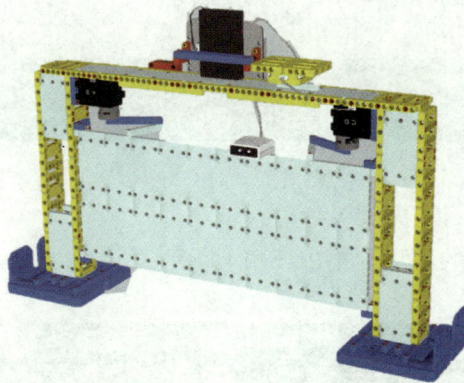

图 15.10　"钢铁堡垒"完成图

（三）编程吧

1. 任务

想一想：让"钢铁堡垒"检测到障碍物时实现开门的功能，需要用到哪些传感器呢？

2. 程序设计

当红外传感器检测到物体，同时触碰传感器被按下，执行堡垒大门打开，间隔一段时间后，堡垒大门关上。请参考以下逻辑来操作实现吧！

（1）初始化舵机角度（堡垒关闭时），如图 15.11 所示。

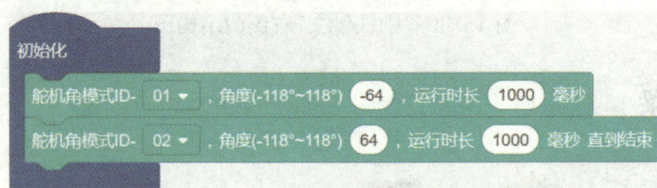

图 15.11　初始化堡垒舵机角度

（2）设定条件，如图 15.12 所示。

图 15.12　条件程序

（3）编写堡垒打开的程序，如图 15.13 所示。

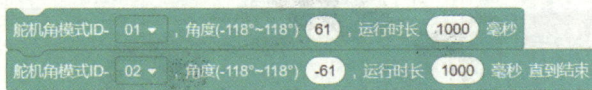

图 15.13　"打开"堡垒

（4）编写堡垒关闭的程序，如图 15.14 所示。

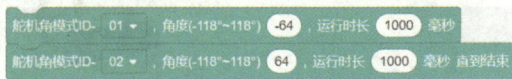

图 15.14　"关闭"堡垒

（5）进行组合。完整参考程序，如图 15.15 所示。

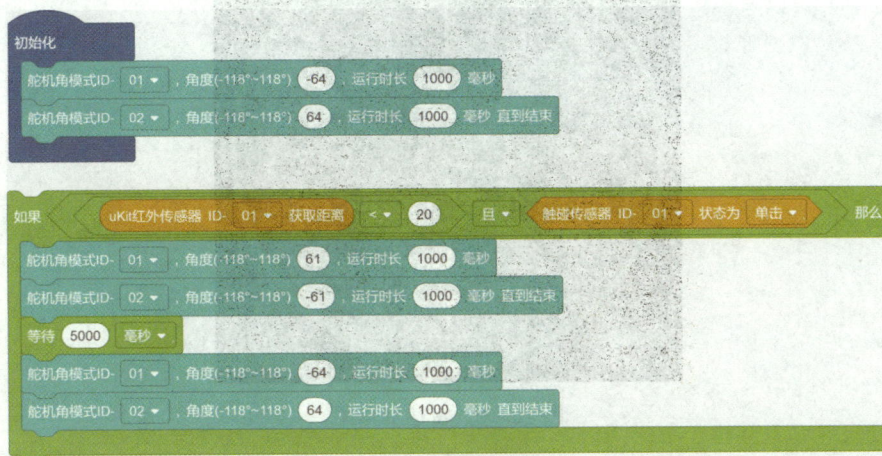

图 15.15　完整参考程序

四、不同"视"界

（一）知识拓展

雷　达

　　雷达在英文里的意思为"无线电探测和测距"，即用无线电的方法发现目标并测定其空间位置，因此雷达也被称为"无线电定位"。

　　雷达的工作原理是发射电磁波对目标进行照射并接收其回波，由此获得目标至电磁波发射点的距离，如图 15.16 所示。因为雷达不管白天还是黑夜均能探测远距离的目标，且不受特殊气候影响，具有全天候、全天时的特点，因此，它不仅是军事上必不可少的电子装备，而且在气象预报、资源探测、环境监测等社会经济领域也有十分广泛的运用。目前，雷达在洪水监测、海冰监测、土壤湿度调查、森林资源清查、地质调查等方面显示出了很好的应用潜力。

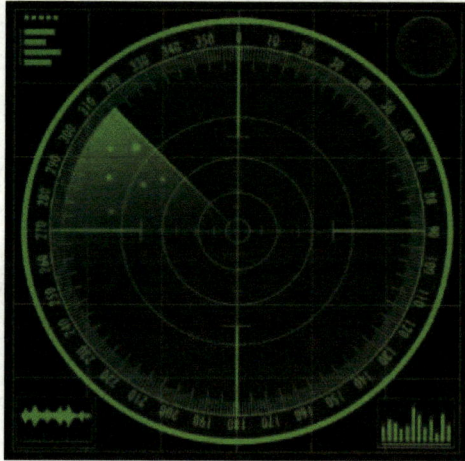

图 15.16　雷达屏幕图

（二）实践创新

在现实世界中，还有哪些"钢铁堡垒"为世界和平与人身安全默默作出贡献？请通过参观博物馆、查阅书籍、检索网络等多种方式，找一找，世界上最先进的防御系统是什么样的呢？

主题十六 攻克堡垒

从古代到近代，城门都是抵御入侵、保卫城池的重要防御设施。古代城市居民进出城，都必须从城门经过，城门口设有警卫（就像现在小区门卫），遇到紧急状态时，城门封闭，不得通行。在冷兵器时代，攻城必须攻打城门，即使在近代战争中，城门、城墙仍然发挥着重要的防御功能，让敌人无法轻易入侵。

一、奇妙世界

历史上，因为攻城导致数万人员伤亡的战例多不胜数如图 16.1 所

图 16.1　古代战争

示。唐代著名的睢阳保卫战，安禄山大军就损失十多万，而睢阳城军民更是损伤严重。

如果让机器人在战争中发挥作用，是不是能够有效减少士兵伤亡呢？在现代，机器人在军事领域已经起到重要作用，例如：排雷机器人、烟幕机器人、固定防御机器人等。

> 想一想：结合我们创作的"钢铁堡垒"与机器人，能否让我们的机器人变形为"攻克堡垒"机器人呢？

二、优学U乐

如何遥控单个或多个舵机呢？如图 16.2 所示，将该摇杆模块移至遥控面板，然后点击设置，如图 16.3 所示。

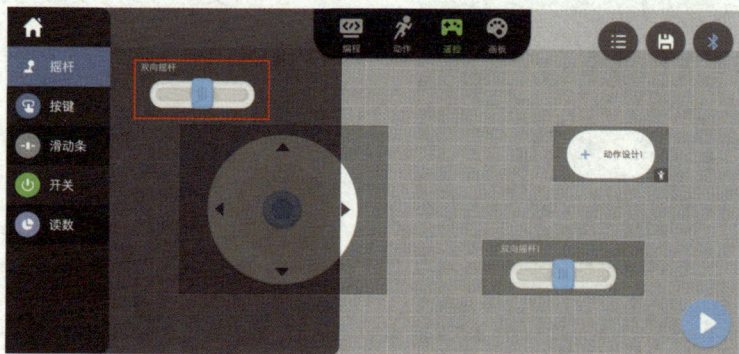

图 16.2　拖动双向摇杆模块

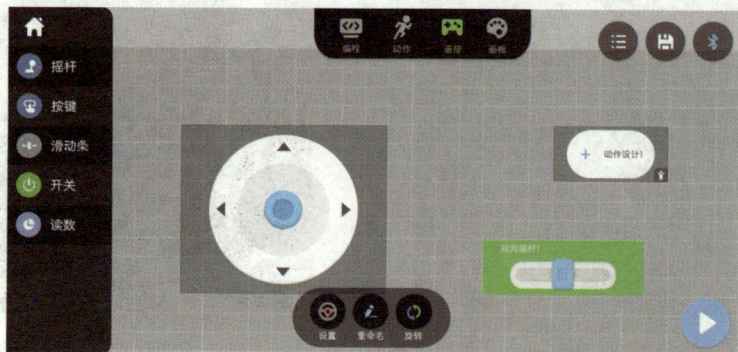

图 16.3　设置双向摇杆

如图 16.4 所示,选中想要调整的舵机编号,并选择舵机转动的方向,保存后就可以在操控界面中调节单个舵机转动了,如图 16.5 所示。

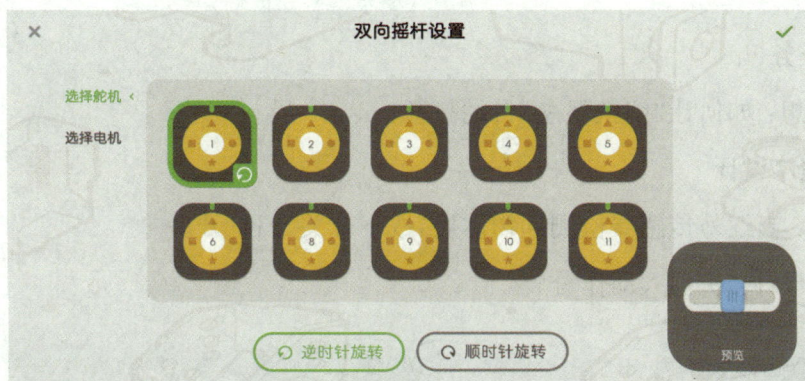

图 16.4　选择控制的舵机

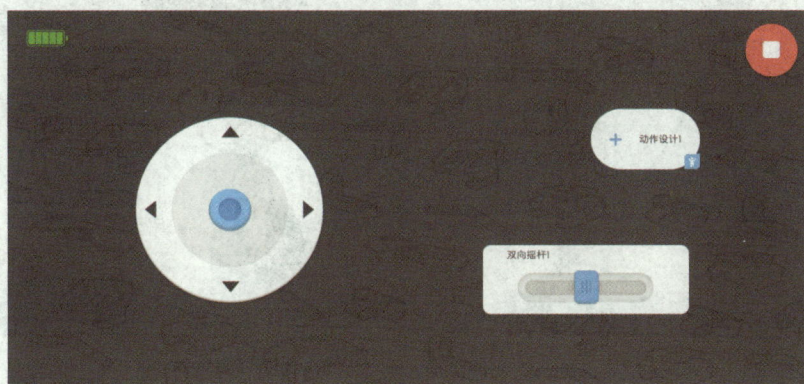

图 16.5　遥控界面

三、造物工厂

(一)物料吧

机器人一台;钢铁堡垒模型一台。

（二）编程吧

1. 任务

想一想：如何让"钢铁堡垒"自动打开？

2. 程序设计

功能：当红外传感器检测到物体后，按下开关，门打开。

程序设计：机器人动作分解。

图 16.6　机器人人形态

图 16.7　机器人手臂抬起，操控手臂按下

图 16.8　机器人手臂从侧面收回

图 16.9　机器人恢复人形

四、不同"视"界

（一）知识拓展

水 下 机 器 人

水下机器人，如图 16.10 所示，又可以称为无人遥控潜水器，可以长期在水下工作。由于水下环境恶劣加上人类的潜水深度有限，所以水下机器人已成为帮助人类开发海洋资源、探索海洋秘密的重要工具。

水下机器人可以适用于长时间、大范围的考察任务，例如：能执行对深海热液矿藏附近的生物基因以及极端环境下微生物的科学考察取样等。近年来，水下机器人的研究有了很大的发展，在军事领域、民用领域都有了广泛的应用。

仔细想一想，你是否在日常生活中见过水下机器人？

图 16.10　水下机器人

（二）实践创新

和你的小伙伴们来一场保卫对抗战吧！看谁的机器人能更快攻进对方的堡垒？

主题十七 活动课——军事演习

在前几节课程中我们一起完成了机器人变形挑战、地雷爆破等任务。作为本学期最后一节课,让我们一起来进行一次军事演习,来体验在"战场"上机器人是如何大放异彩的吧!

一、活动目标

1. 能够设计变形金刚基础动作,完成变形挑战、地雷爆破和攻克堡垒的综合竞赛。

2. 学会欣赏他人的作品,与他人分享成果。

二、活动准备

(一)导语

军事演习,简称军演,是在特定条件下进行作战指挥和军事行动的演练活动,是一个近似实战的综合性训练。演习的一个重要作用,是在任务协作中发现问题并加以解决,以便提高实战中的战斗力。我们已经"养兵千日"了,是时候把它们集结起来啦! 让我们一起策划一次集结"变形金刚"们的军事演习吧!

(二)问题与思考

为了保障军事演习的顺利开展,我们需要注意哪些因素呢?

三、实践与活动

(一)活动时间

共 2 个课时。

(二)活动流程

1. 活动安排

人员分组,每组 2 人。

2. 注意事项

(1)谨遵课堂纪律,注意安全;

(2)注意活动时间限制;

(3)模型轻拿轻放,避免磕碰;

(4)小组相互协作,严禁争吵;

(5)活动结束后,小组共同清理卫生,保持教室整洁。

(三)任务要求

1. 小组成员分工明确,齐心协力完成任务;

2. 在 4 分钟内,按照任务要求操控机器人依次完成穿越警戒线、地雷爆破和攻克堡垒三项任务;

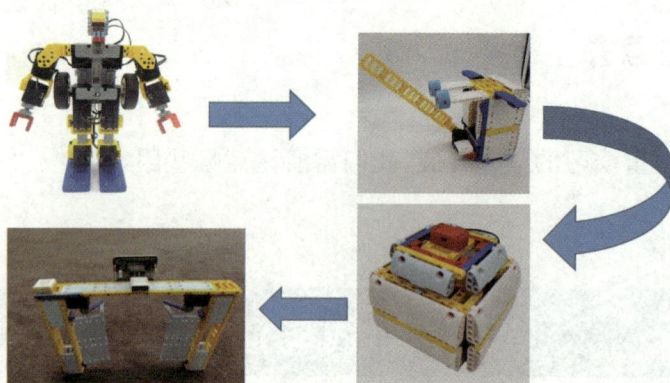

图 17.1　机器人执行顺序图

3. 出错次数不能超过 3 次。

（四）任务内容

变形挑战、地雷爆破、攻克堡垒。

（五）评价

1. 在 4 分钟内完成三个完整的任务;

2. 完成所有任务的组别,按照完成任务的时间长短进行评估,时间短为佳;

3. 时间相差 5 秒以内的组别,按照出错次数和完成任务的质量进行评估,出错次数少、高质量完成任务为佳。

（六）活动小结

1. 在活动过程中,你所在小组遇到了什么困难? 你们是如何克服解决的?

2. 在活动过程中,你所在小组中有哪些特点或者亮点? 有哪些地方还需要改进?

四、期末总结

1. 知识回顾：在变形工坊里，你学习了哪些知识？
2. 学习总结：在变形工坊里，你有哪些收获和感触？

后　记

在人工智能时代,开展全面的智能教育势在必行,《新一代人工智能发展规划》作为新引擎,给教育带来了机遇和挑战。优必选主动求变应变,将人工智能的新思维、新技术、新方法与教育进行融合,以直面解决现实问题、培养适应 AI 时代的"智造者"作为人工智能教育的起点,以"AI 赋能教育,圆中国智造梦"为理念,兼顾教师、学生、教学管理者等不同群体的需求,构建从小学到初中到高中的贯通式的课程体系,引导学生对人工智能的内涵和外延从具体感知、认知到应用,让学生能够对"人工智能"形成系统知识框架,播下"人工智能的知识""技术应用的能力""终身学习的素养"的种子,让学生能形成发现问题、探究问题、解决问题的创新思维,进而对科技创新本身产生喜爱之心。

2018 年 3 月始,优必选、华东师范大学以及国内优质的教育行业伙伴共同深入合作,在一线教师、人工智能行业技术专家、教育技术专家等多方助力之下,课程编写团队共同编写人工智能精品课程系列丛书,共计 11 册。

在专家团队的指导下,优必选的课程编写团队与上海市重点中小学的多位教师紧密交流,多次开展研讨、评审、培训活动,一同研讨课程大纲、知识图谱、图书体例等多个细节,在所有人的共同努力下,书稿终于付梓。

在此,特向以下为丛书的编写工作提供宝贵意见、建议的工作组成员表示最诚挚的敬意:

上海市嘉定区青少年科创集散地课程管理团队:朱芳、路光远、罗松、高校亚、王冰清、樊钊、陈卫伟、赵卫忠。

参与课程编写的工作人员:崔宁、王轶丹、程修高、周琳菊、李剑、周佳、贺光宇、胡作、朱茜茜、毛郅峰、刘春丽、董晨、宋斌、徐雨婷、王俊、朱馨香、刘智勇、薛维、代嘉音、徐韵达、柏玲霞、朱晓彤、杨洁、廉耿。

路漫漫其修远兮,在推动人工智能教育普及的道路上,得到这么多同路人的帮助与支持,倍感温暖和激励,让我们再接再厉,用自己力所能及的所有为中国的教育事业贡献应有之力。